KATIUSCIA BERRETTA

IL GENIO DENTRO

La Mindfulness nell'Era dell'Intelligenza: Sei Settimane per Imparare ad Apprendere, Trasmettere e Creare Conoscenza

Titolo

"IL GENIO DENTRO"

Autore

Katiuscia Berretta

Editore

Bruno Editore

Sito internet

http://www.brunoeditore.it

Tutti i diritti sono riservati a norma di legge. Nessuna parte di questo libro può essere riprodotta con alcun mezzo senza l'autorizzazione scritta dell'Autore e dell'Editore. È espressamente vietato trasmettere ad altri il presente libro, né in formato cartaceo né elettronico, né per denaro né a titolo gratuito. Le strategie riportate in questo libro sono frutto di anni di studi e specializzazioni, quindi non è garantito il raggiungimento dei medesimi risultati di crescita personale o professionale. Il lettore si assume piena responsabilità delle proprie scelte, consapevole dei rischi connessi a qualsiasi forma di esercizio. Il libro ha esclusivamente scopo formativo.

Un talento colpisce un bersaglio che nessun altro può colpire; un genio colpisce un bersaglio che nessun altro può vedere.
(Arthur Schopenhauer)

Sommario

Introduzione — pag. 5

Capitolo 1: Come semplificare la complessità — pag. 25

Capitolo 2: Come addestrare la mente a ridurre lo stress — pag. 70

Capitolo 3: Come liberare la mente creativa — pag. 115

Capitolo 4: Come cooperare per l'eccellenza — pag. 149

Capitolo 5: Come coltivare una mente geniale — pag. 185

Appendice. Il tuo Genio: istruzioni per l'uso — pag. 214

Conclusione — pag. 224

Nota biografica dell'autrice — pag. 228

Bibliografia — pag. 232

Introduzione

Per prima cosa voglio darti il benvenuto. Ti ringrazio per aver iniziato la lettura di questo libro. L'ho scritto per condividere la mia esperienza e gli approfondimenti a cui mi dedico costantemente da molto tempo, perché tu possa sentirlo come un utile strumento di comprensione e una buona palestra di allenamento per coltivare la tua mente geniale.

Mi chiamo Katiuscia Berretta e sono istruttrice di protocolli Mindfulness. Avrai modo di conoscermi molto bene nel corso di questa lettura, ora preferisco non dilungarmi con le presentazioni per lasciare spazio ai contenuti. Saremo insieme per sei settimane, approfondendo sia la teoria, in modo rigoroso ma leggero, sia la pratica, con istruzioni precise, molti esercizi e un piccolissimo impegno che ti chiedo di prendere con te stesso fin da questo momento. Sei pronto? Di tutto il resto mi occupo io, promesso.

Eccoci qui. Un'umanità sopraffatta dalle meraviglie che ha creato.

Riflettendoci, abbiamo attraversato intere epoche in poche decine di anni. Possiamo essere d'accordo nell'affermare che, dopo l'era dell'informazione e l'era della conoscenza, oggi ci troviamo nell'era dell'intelligenza. Se per anni risolvere i problemi della vita contingente ha richiesto la capacità di analizzare, trovare la soluzione o la risposta giusta tra quelle esistenti, oggi capita sempre più spesso che la soluzione appartenga a un dominio lontano dal conosciuto, in quella dimensione di *not-knowing* in cui tanto difficilmente ci avventuriamo. Accade spesso che la soluzione si debba creare.

L'essere umano ha raggiunto traguardi inimmaginabili e ha imparato a gestire livelli di complessità sempre crescente in ogni aspetto della vita. Che se ne renda conto o meno, l'uomo non fa altro che apprendere, fin dalle origini del suo processo evolutivo. Apprendere è qualcosa di naturale, connesso all'adattamento, alla sopravvivenza e a ogni forma di evoluzione. La differenza con le altre specie consiste nel fatto che l'essere umano ha il potere di esserne consapevole, di fare delle scelte senza seguire l'impulso, di stabilire delle priorità.

I nostri sistemi educativi, con le dovute eccezioni a cui sono profondamente grata, difendono generalmente impostazioni che sono rimaste invariate dalla rivoluzione industriale. Un tempo serviva formare persone che da adulte fossero ottimi esecutori, per lavorare nelle fabbriche e, via via, negli uffici. Imparare, ripetere, analizzare, trovare la soluzione giusta era l'allenamento appropriato per saper fare bene, non c'è dubbio.

Saper fare bene qualcosa offriva la garanzia di ottenere facilmente un lavoro; qualcosa da svolgere per tutta la vita, tendenzialmente senza rischi, dove l'unica crescita su cui investire era quella derivante da approfondimenti "verticali" dell'argomento, con specializzazioni e qualche applicazione delle competenze ad altri settori.

Oggi però gli esecutori non sono molto richiesti e non fanno molta strada, lo hai notato? Anche intuitivamente è difficile pensare di poter attraversare questa complessità soltanto specializzandoci nell'eseguire qualcosa che abbiamo imparato a fare bene. Uscire da una scuola che ci ha insegnato a trovare il modo giusto per fare le cose e trovarsi in una realtà che richiede altro è molto pericoloso. Viviamo in un mondo in cui le soluzioni conosciute il più delle volte sono solo un esercizio applicabile a modelli teorici poco rigorosi, non alla realtà.

L'essenza di tutto questo è che, oltre ad acquisire conoscenza, ci viene richiesto un nuovo modo di vedere, un completo cambio di prospettiva del quale siamo perfettamente capaci se sappiamo allenare la nostra mente. Negli anni ho conosciuto diversi bambini, ho potuto sperimentarne la capacità di apprendere da qualunque cosa, di creare, di amare la vita. Condivido la necessità di regole di base, ma crescere con la convinzione che esista solo un modo di fare le cose e che i modi nuovi, non conosciuti o non canonici, siano semplicemente sbagliati, restringe non solo le capacità, ma anche le percezioni dell'individuo, rendendolo privo di risorse per interagire con una realtà complessa come la nostra.
È così che il modo di apprendere viene forgiato da esperienze e convinzioni acquisite, assumendo la forma di un approccio dicotomico alla vita, in perenne oscillazione fra i due estremi giusto sbagliato. La pluralità delle nostre intelligenze e la loro incredibile potenzialità finiscono inevitabilmente per irrigidirsi, diventando simili a muscoli atrofizzati, che possono muoversi

solo lungo tracciati prestabiliti.

Non voglio essere fraintesa. La conoscenza acquisita è un elemento essenziale per qualunque crescita. È un bagaglio senza il quale non potremmo progredire. Se però questo bagaglio di conoscenza, insieme all'approccio abituale con cui affrontiamo la vita, diventa un filtro attraverso cui vedere, non conosceremo mai niente di nuovo in un modo diverso da quello canonico. E in un mondo come questo, in cui ciò che si conosce è un utile strumento, ma la chiave di volta è il come si conosce, una mente che si muove su un binario è una mente inutile.

Abbiamo tanti tipi di App e di software che sanno eseguire praticamente tutto con delle capacità logiche, analitiche, di memoria e una potenza di calcolo irraggiungibili anche per il più brillante dei cervelli umani. Allora mi chiedo a cosa serva oggi essere degli esecutori. A competere forse con delle App e a uscirne sconfitti? A vivere nel terrore di essere sostituti da un software o da un robot che sa fare meglio di noi?

Lo scopo di questo lavoro è aiutare la persona a navigare

pazientemente nell'oceano delle possibilità che la mente offre, per recuperare un modo naturale di apprendere e trasmettere; in altre parole, per creare una nuova forma di conoscenza, accessibile e ricca, di cui la componente umana è un ingrediente essenziale. Mi riferisco a una serie di capacità che sono proprio qui, intimamente connesse alla nostra natura, spesso nascoste da una sovrastruttura di abitudini e schemi rigidi. Qualità che aspettano di essere conosciute, coltivate, per restituirci la possibilità di raggiungere i nostri traguardi.

Abbiamo molto a cui dedicarci e anche molto per cui divertirci insieme durante queste settimane. Nel libro mi propongo di fare chiarezza, sfatando i falsi miti intorno alla Mindfulness e provando a prevenirne possibili fraintendimenti. È un problema che ho iniziato a pormi quando ho visto quante inesattezze vengono dette, quanta confusione dilaga intorno a questo argomento così delicato.

Leggo ogni giorno di presunti poteri miracolosi attribuiti alla Mindfulness, come se si trattasse di una magia; qualcuno, al contrario, scrive che è solo un business; sento persone usare i termini *Mindfulness* e *Meditazione* come se fossero sinonimi; leggo post infuocati in cui si fa confusione tra *Mindfulness* e *Buddhismo* (qualcuno dice che sono la stessa cosa, qualcun altro fa il "tifo" per l'uno o per l'altro, come se fossero squadre di calcio in un derby); ho saputo di istruttori di protocolli che si fanno chiamare maestri, o che aprono centri di meditazione; qualcuno forse è diventato una "guida spirituale" per condurre le masse dal protocollo alla liberazione.

In un momento storico come questo, in cui tutti parlano di Mindfulness, chi ha qualcosa di autentico e profondo da offrire è chiamato a farlo. Spero che il libro possa aiutare molti a orientarsi, almeno questa è la mia sincera intenzione.

Ho esplorato e approfondito diversi protocolli basati sulla Mindfulness, italiani e internazionali, sia come istruttrice sia come partecipante. Prima di proporre il programma di questo libro, frutto dell'esperienza vissuta e della pratica personale, unitamente alle competenze di una formazione continua e alle testimonianze di persone che hanno partecipato ai miei corsi, ho lavorato tanto e a lungo. Sono felice di condividere qualcosa che mi auguro sia di valore per chi si avventura in questo ambito e anche per chi vi lavora già.

Gli studi sulla *neuroplasticità* da tempo ci dicono che il cervello prende la forma delle nostre esperienze, anche dell'attività mentale. E non è qualcosa che accade solo da bambini, ma per tutta la vita. È un'opportunità da cogliere, se sappiamo come allenarci. Secondo le neuroscienze, bastano poche settimane di training perché il cervello possa cominciare a modellarsi attraverso l'allenamento mentale. Questo tempo non esaurisce l'intero percorso che una mente può compiere nell'arco di una vita, ma è un buon inizio: apre delle porte, offre delle possibilità che può valere la pena esplorare.

Ti è mai capitato, ad esempio durante il percorso scolastico, di ritenerti negato per una certa materia, salvo poi accorgerti, cambiando insegnante o scuola, che ti piaceva e non la trovavi poi così ostica? A me è successo. Quando frequentavo il terzo anno del liceo scientifico, poco meno di trentacinque anni fa, mi sono pentita di avere scelto quella scuola superiore perché, nonostante in terza media gli insegnanti mi avessero incoraggiato a scegliere liberamente – perché potenzialmente in grado di intraprendere qualunque tipo di studi – e nonostante i primi due anni di liceo fossero andati molto bene, in pochi mesi mi sono convinta di essere negata per la matematica.

Ricordo di aver preso un bel tre in uno dei compiti in classe. È stato uno shock. In famiglia mi era stato riconosciuto un ruolo preciso: ero brava, soprattutto in matematica. Fare i conti con quella identità non fu per niente facile. Non voleva saperne di sgretolarsi, doveva dire la sua. Per una ragione che oggi ritengo estremamente fortunata, non cambiai scuola, nonostante desiderassi farlo per porre fine a quella che vivevo come un'umiliazione. Semplicemente mi adattai all'essere negata per la matematica, anche se brava in tutto il resto, e concentrai le mie capacità per assicurarmi, in matematica, almeno il minimo per andare avanti. Persi interesse, non fui rimandata, ma di quei mesi ricordo soprattutto la fatica.

Durante quel periodo non mi sono mai posta domande. Semplicemente ho ridefinito me stessa sulla base dei nuovi risultati. Ricordo solo che non riuscivo a trovare il senso di quegli esercizi. Mi venivano date delle formule da applicare, come dogmi indiscutibili a cui semplicemente credere. Provavo a memorizzarle e a crearmi nella mente delle categorie in cui applicarle sulla base degli esempi che vedevo. Ma ogni volta gli esempi avevano qualcosa di diverso che mi metteva in crisi, che mi rendeva indecisa. E sceglievo così, senza riflettere. A volte andava bene, altre volte meno. Era molto frustrante.

A farmi odiare quella materia non furono tanto i voti quanto la grande fatica che facevo invano e che mi aveva fatto perdere l'autostima danneggiando la mia immagine agli occhi di chi mi aveva sempre sostenuto. Quando l'insegnante di matematica lasciò la scuola per trasferirsi in un'altra città, quasi mi dispiacque. Ormai mi ero abituata a lei, non desideravo che se ne andasse.

Venne una nuova insegnante, piuttosto giovane e dall'aria vagamente severa, che all'inizio accolsi con diffidenza, da persona che, negata per la matematica, non sa cosa aspettarsi e teme che la situazione già difficile possa peggiorare. In poco tempo la mia identità cambiò di nuovo e tornai a essere quella brava in matematica. Nel suo modo appassionato di trasmettere, questa persona parlava alla mia mente restituendole il senso di quelle formule. Non c'erano più cassetti in cui chiudere quei metodi, al loro posto c'erano delle ragioni, delle associazioni, dei legami logici che riducevano ogni sforzo titanico di ricordare.

Compresi che amavo la matematica più di tutte le materie. Mi sono poi laureata proprio in matematica, con 110 e lode. Nella mia vita l'apprendimento, e poi, nel tempo, anche l'insegnamento, hanno sempre avuto un ruolo centrale. I protocolli Mindfulness che conduco, in cui insegno senza insegnare, le sessioni in aula di Mindfulness Organizzativa, le consulenze individuali, il lavoro con le mappe mentali, i percorsi di posizionamento della Mindfulness che disegno *ad hoc*, i blog che scrivo e lo studio di approfondimento che mi impegna da anni in Italia e all'estero, sono tutte esperienze diverse che hanno in comune un'energia vitale che sostiene ogni mio sforzo e mi rende grata che questa sia la mia professione.

Qualsiasi cosa si insegni, il fuoco che arde sotto lo sforzo è la relazione con le persone, il gioioso sforzo di trovare il modo più efficace di trasmettere, il desiderio di coinvolgere e, soprattutto, la disponibilità. Si tratta di qualità della persona e prescindono dall'argomento che si insegna.

Ciò che di più prezioso conservo del mio vecchio incidente con la matematica non è tanto il desiderio di identificarne i colpevoli, tantomeno organizzare una crociata contro la mia vecchia insegnante. Anzi, in un certo senso devo ringraziare anche lei perché ho compreso in modo chiaro che ciò che mi ha fatto soffrire e faticare di più è stato dovermi comportare in modo coerente con l'identità che mi ero cucita addosso.

Negli anni ho capito che l'essere quella brava o quella negata in matematica non racchiudevano minimamente l'universo delle mie possibilità. Restare prigionieri di un aspetto che, tra l'altro, è tutto fuorché persistente, rappresenta la più grave forma di cecità per gli esseri umani. Hai idea di quanto sia liberatorio assimilare te stesso a un sistema vivente che fluisce con la vita e ne prende la forma del momento, piuttosto che farti scudo con ciò che di te stesso conosci e che, per una scossa anche lieve, data la fragilità tipica delle strutture troppo rigide, in qualunque momento può sgretolarsi?

La mente è un terreno che si può coltivare a ogni età, e gli effetti fisici e psicologici che ne derivano sono tutt'altro che trascurabili. Coltivare una mente significa far crescere quelle qualità di cui l'essere umano è dotato ma che, nel corso della vita, si atrofizzano facilmente quando costruiamo delle immagini di noi stessi limitate e ristrette, avvolte a più giri intorno alle abitudini che ci danno sicurezza. Lasciare andare il mondo delle abitudini, o almeno non permettere che dia forma al nostro modo di percepire la realtà, è un passo che ha bisogno di un buon allenamento.

Le identità che assumiamo con tanta facilità sulla base delle esperienze sono tanto comode quanto limitate. Costituiscono un modo sicuro e un po' ingenuo di uscire dalla minacciosa e spesso intollerabile incertezza del non sapere chi siamo. Assumendo un'identità, come ad esempio "quello bravo in matematica", ci diamo delle risposte che assumiamo essere certe; si tratta di un'illusione usata come antidoto al tanto minaccioso "non sapere" che il nostro cervello, atavicamente, male sopporta. Ma la realtà non si cura di aderire a dei modelli prestabiliti e il prezzo che paghiamo è quello di procedere senza vedere, in un mondo in cui vedere chiaramente è una necessità non negoziabile, un ingrediente essenziale per poter cogliere le possibilità che ogni momento di vita offre.

In questo libro ti mostrerò che la Mindfulness permette alla mente di esplorare la moltitudine delle sue possibilità. Sarai direttamente coinvolto in un programma di sei settimane in cui avrai tutti gli strumenti per coltivare in te queste qualità. Lo farai senza dover studiare o imparare a memoria alcunché. Sarai completamente libero e, allo stesso tempo, potrai contare su una guida sicura che non ti lascerà solo in questo percorso.

Gli esercizi non ti richiederanno un impegno superiore a quindici minuti al giorno. Ti verranno fornite delle semplici istruzioni, molto accurate, per allenarti quotidianamente. Il lavoro che ci apprestiamo a svolgere insieme è simile all'allenamento di un muscolo e cercheremo di farlo nel modo più gioioso possibile; questo perché l'esercizio quotidiano possa essere un'occasione per prenderci cura di noi stessi e non un compito da eseguire per dovere, senza coinvolgimento.

All'inizio sarà necessario fare un po' di spazio alla pratica all'interno della giornata. Rimanere solo sul teorico più essere interessante ma non servirà a nulla. Rubare del tempo alle abitudini di una quotidianità già intasata di impegni sembra impossibile ma, fidati, non lo è. Si tratta di un piccolo impegno che verrà ampiamente ripagato. Dopo qualche settimana, questa pratica prenderà da sé lo spazio necessario e pian piano diventerà un vero e proprio modo di vivere. Sarà naturale come lavarsi al mattino.

Il lavoro che faremo insieme è diviso in sei settimane ed è centrato su una delle funzioni più importanti della mente: l'attenzione. Possiamo apprendere senza prestare attenzione? Possiamo ricordare qualcosa a cui non abbiamo prestato attenzione? Possiamo avere relazioni interpersonali senza prestare attenzione? Naturalmente no. E aggiungo che è il modo in cui prestiamo attenzione a stabilirne il potere trasformativo.

È qui che la Mindfulness ha un ruolo fondamentale. Si tratta di una vera sintonizzazione con l'esperienza, un modo immediato, cioè senza mediazione, di conoscere la realtà del momento. Nella comprensione che deriva da questo contatto diretto risiedono capacità trasformative tangibili, evidenziate anche da numerosi studi in ambito neuroscientifico, alcuni dei quali sono riportati nel libro. Veniamo ora al dettaglio dei capitoli.

Nel primo capitolo lavoriamo per lo sviluppo di una mente concentrata: vedremo come la capacità di coltivare un'attenzione unificata attraverso la Mindfulness permette di ridurre i danni della dispersione a opera del multitasking e del sovraccarico di informazioni (*information overload*) a cui siamo costantemente sottoposti, in favore di una qualità della mente più incline alla calma concentrata. Parleremo di multitasking, sempre sfatando dei miti, e capiremo come funziona l'attenzione quando il cervello cerca di lavorare con più stimoli salienti contemporaneamente.

Nel secondo capitolo vediamo come sviluppare una mente spaziosa. Entreremo nel vivo nei nostri schemi reattivi abituali quando ci troviamo in situazioni che generano *distress*. Attraverso questo training della mente, familiarizzerai con i meccanismi automatici interni responsabili delle tue risposte comportamentali. Giorno per giorno apprenderai naturalmente a vederli come parte di una moltitudine di possibilità. Una mente spaziosa è una mente libera, illimitata.

Il terzo capitolo è dedicato alla mente creativa. Approfondiremo il modo in cui, crescendo, disimpariamo a essere creativi. Vedremo che la Mindfulness può promuovere questo tipo di capacità, con il supporto di incoraggianti risultati nell'ambito delle neuroscienze che, come sempre, verranno dettagliati in modo semplice con tutte le informazioni per offrirti la possibilità di approfondimenti futuri. Avremo molto su cui esercitarci.

Nel quarto capitolo entriamo nel mondo delle relazioni interpersonali per sviluppare una mente collaborativa. Approfondiremo l'ascolto e la comunicazione con molti spunti inattesi per il nostro allenamento. Sarà sorprendente leggere e cimentarsi nella pratica.

Nel quinto capitolo comprendiamo che la tecnologia e

l'integrazione ci stanno conducendo in una nuova era in cui divenire più potenti. Impareremo ad apprezzare gli enormi strumenti che questa realtà ci offre. Parleremo di confronto e integrazione tra intelligenza umana e intelligenza artificiale. Approfondiremo il ruolo primario delle emozioni nei processi cognitivi come il *decision-making*. Sarà interessante esplorare le potenzialità di una mente coltivata, in un mondo in cui si studia l'*Affective Computing* per dare alle macchine la possibilità di manifestare un tessuto emotivo e diminuire quella distanza che riconosce agli umani un enorme vantaggio evolutivo. Come per tutti i capitoli, anche in questo troverai pratiche ed esercizi per il tuo training mentale.

Nell'appendice finale ti darò delle indicazioni su come proseguire il training durante la sesta settimana e anche successivamente.

Per tutto il libro sarai guidato a sperimentare giorno per giorno, settimana per settimana. Alla fine di ogni capitolo troverai una sezione con le istruzioni per la settimana, una con le indicazioni di dettaglio per la pratica e una che puoi usare come diario di pratica. C'è anche una sezione con alcune delle testimonianze che nel tempo ho raccolto dai partecipanti ai miei corsi e che possono esserti di aiuto. Insomma, ho voluto scrivere un libro vivo, pieno di riferimenti, di esperienza e di interazioni, che possa essere per te un compagno di viaggio sapiente, umile e generoso. L'ho progettato in modo che sia rivolto a tutti e che parli alle persone con un linguaggio chiaro, siano esse studenti, insegnanti, professionisti o anche istruttori di Mindfulness.

La Mindfulness di cui si parla in questo libro è quella dei protocolli, dei programmi, degli interventi, qualcosa che ha un inizio, uno svolgimento e una durata precisa e che si prende cura di aspetti specifici. Si tratta della Mindfulness che viene proposta nei protocolli di riduzione dello stress (MBSR) o nei programmi per le aziende, per le scuole, per gli ospedali. Sono programmi potenti ed estremamente efficaci se il posizionamento e l'integrazione sono operati con la giusta competenza.

In questo libro ho considerato l'uso di un linguaggio preciso come mio impegno personale per non contribuire alla confusione sui ruoli, sugli interventi, sui percorsi di Mindfulness. Vorrei portare una testimonianza di autenticità, fatta di mille voci ma, se possibile, riducendo la confusione al minimo, perché questo patrimonio dell'umanità sia descritto e trattato con il rispetto che merita.

Nel libro troverai rilevanti riferimenti bibliografici, italiani e internazionali, che ho selezionato personalmente in anni di studio, non solo sulla Mindfulness ma, in generale, sul funzionamento della mente umana. Mi auguro che questo possa essere un utile strumento di approfondimento anche per gli istruttori di protocolli *Mindfulness-based*. Vi ho dedicato particolare cura perché offra spunti in grado di spaziare dal rigore della tradizione al caos, per certi aspetti virtuoso, di questa nostra modernità.

Per chiarezza voglio sottolineare che questo libro non è proposto in nessuna delle sue parti come terapia, tantomeno intende sostituirsi ad alcun trattamento di natura diagnostica o terapeutica per il corpo e la mente.

Non mi resta che augurarti una buona lettura. Apprezzerei davvero molto se dopo mi lasciassi una tua recensione.

Katiuscia Berretta

Capitolo 1:
Come semplificare la complessità

*Gli uomini non sono prigionieri dei loro destini,
ma solo prigionieri delle loro menti.*
(Franklin Delano Roosevelt)

La capacità di vedere chiaramente, che è alla base di ogni forma di apprendimento e condivisione di conoscenza, si compone di qualità della mente che non sono a disposizione in ogni momento della vita se non fioriscono giorno per giorno con la giusta cura nella quotidianità. La saggezza orientale ci dice che coltivare una mente è come coltivare un giardino.

Abbiamo i semi di qualunque pianta e tutto dipende da come ce ne prendiamo cura. Possiamo scegliere cosa nutrire, cosa far crescere e cosa lasciar seccare, concedendo a quei semi il tempo di fiorire, mentre ce ne prendiamo cura con gentilezza, attenzione e regolarità.

C'è una funzione della mente senza la quale non sarebbe possibile alcuna forma di apprendimento, alcuna relazione, alcuna capacità di comprensione di noi stessi e del mondo. Quella funzione è l'attenzione.

Ti capita mai di volerti concentrare su qualcosa e di non riuscirci perché la mente è come afferrata da qualcos'altro? Ti capita di impegnarti ad apprendere qualcosa e di sentire una profonda difficoltà a portare interamente te stesso su quella cosa? Quanto ti senti padrone della tua attenzione? Ti capita di essere completamente in balia di uno stimolo forte, interno o esterno?

Ebbene, è proprio così che tendenzialmente funzioniamo. L'attenzione è veicolata ad afferrare l'oggetto più saliente e la scelta molto spesso non è volontaria. L'attenzione è attratta dallo stimolo più intenso, meglio se emotivamente carico. Hai provato a studiare o a preparare una lezione dopo una lite furibonda con un amico? O con una preoccupazione? O mentre senti che qualcuno sta parlando di te?

Se l'attenzione andasse sempre e solo dove vogliamo, oggi non saremmo qui. Saremmo morti nell'impossibilità di scongiurare un pericolo immediato. L'attenzione, proprio grazie al suo ruolo essenziale nel nostro processo evolutivo, non sarà mai completamente sotto il controllo della volontà. E va bene così, non stiamo cercando di diventare altro da ciò che è insito nella nostra natura. L'attenzione, però, pur svolgendo il suo ruolo primario legato alla sopravvivenza, può essere allenata a diventare più stabile, più centrata, più potente e unificata, meno intermittente, meno schiava dell'intensità.

Oggi poter disporre della propria attenzione è una capacità piuttosto rara, almeno in Occidente. Siamo costantemente sottoposti all'*information overload*, o sovraccarico di informazioni, in grado di incrementare significativamente il coefficiente di dispersione della nostra attenzione. Pensiamo ai mezzi di comunicazione, al bombardamento che subiamo ogni giorno sui nostri smartphone, tablet e altri dispositivi. Per non parlare del volume di conoscenza a disposizione su Internet. C'è tanto di tutto e arriva a velocità smisurata.

Quante email ricevi al giorno? Quanti messaggi su WhatsApp? Quanti post su Facebook, Twitter o Instagram passano sotto i tuoi occhi quotidianamente? Hai mai provato a contarli? Potresti restarne molto sorpreso. Sai che per raggiungere cinquanta milioni di utenti il primo telefono, dalla sua invenzione al suo comune utilizzo, ha impiegato ben settantacinque anni? E sai quanto ha impiegato la televisione a raggiungere lo stesso numero di utenti? Tredici anni. Ebbene, sembra che il gioco *Angry Birds* abbia impiegato un mese e *Pókemon Go* circa venti giorni! Capisci che differenza?

Da un lato ciò consente lo sviluppo di un'intelligenza collettiva che fino a pochi anni fa era inimmaginabile. Esistono team che si estendono in tutto il mondo, attraversando confini geografici e culturali, non senza fatica ma con grande profitto. È facile trovare verifiche, collaborazioni e avviare discussioni, se ovviamente si sanno operare le giuste selezioni. In giro c'è di tutto e anche la qualità varia da livelli infimi all'eccellenza.

Il rovescio della medaglia di questa comunità globale è l'esposizione incessante al flusso di informazioni, che trascina con sé un mondo in movimento, fatto di particolari cruciali, dettagli importanti incastonati in quintali di dati inutili, letteralmente da gettare via, in un'ideale pattumiera capace di contenere grandi porzioni di realtà. L'*information overload* consuma letteralmente la nostra attenzione, ne abbiamo prove ogni giorno. E, si sa, quando una risorsa scarseggia, diventa preziosa. Non sorprende dunque che nel business si parli da tempo di *economia dell'attenzione* (Thomas H. Davenport, 2001).

La nostra mente è capace di filtrare i dati per poter preservare ciò che è più interessante o più vicino ai propri bisogni, ma per potere operare questa selezione, praticamente per tutto il tempo in cui siamo svegli, deve consumare molta energia. Per essere scartati, i dati devono essere elaborati. Il flusso di informazioni che ci attraversa comporta un grande lavoro della mente, anche solo per scegliere cosa selezionare.

Per come è disegnato, il cervello cerca di ricevere tutto, di elaborarlo e poi magari scegliere. Alcuni di questi processi avvengono sotto il livello della coscienza e sono frutto di attività parallele che però non consumano molta energia. Ma quando è coinvolta la zona corticale (Goleman, 2014), l'impegno costante di rispondere al bombardamento continuo forza il cervello a operare in una modalità percepita come multitasking ma che multitasking non è. Di fronte a più stimoli, che percepiamo come primari, l'attenzione non si distribuisce uniformemente su di essi, ma oscilla incessantemente dall'uno all'altro a una velocità tale da far credere che sia ferma e frazionata.

Questo è il multitasking di cui tanto si parla, per anni presentato, soprattutto nelle aziende, come un baluardo di produttività e che invece ha prodotto danni alle capacità delle persone nonché alla qualità delle cose su cui le persone operano. Con il multitasking abbiamo l'illusione di non perderci niente. E, se ci riflettiamo bene, questa modalità non è altro che una pessima strategia del cervello per affrontare (*coping*) l'*information overload.* (Hougaard, 2015).

Quante persone che conosci lavorano in multitasking? Non parliamo di fare qualcosa mentre ne facciamo un'altra ripetitiva che non richiede un'attenzione viva. Parliamo di fare due o più cose contemporaneamente che richiedono tutta l'attenzione, come parlare al telefono e scrivere un'email, oppure dialogare con una persona e controllare lo smartphone. Ti capita mai?

Ora voglio proporti un esercizio che a me ha insegnato molto.

Questa piccola prova creata da Dave Crenshaw (Crenshaw, 2018), che ha scritto un libro interessante proprio sul multitasking, può rivelarti molto di te in un modo davvero semplice. Ti basta un foglio bianco su cui tracciare due linee orizzontali, come nella figura qui in basso:

_____

_____

Ora, sulla prima riga scrivi "mi chiamo *nome cognome*" e sulla seconda "sono bravo/a nel multitasking", come nella figura in basso. Non dimenticarti di misurare quanto tempo impieghi a scrivere tutto.

mi chiamo Katiuscia Berretta
_____
sono brava nel multitasking
_____

Fatto? Benissimo. Adesso devi semplicemente voltare il tuo

foglio in modo che non si veda ciò che hai scritto prima. Sul lato ancora bianco, disegna di nuovo le due linee orizzontali, come nella figura qui in basso.

_____

_____

Ora ti chiedo di scrivere le due stesse frasi di prima, "mi chiamo *nome cognome*" sulla prima riga e "sono bravo/a nel multitasking" sulla seconda, ma scrivendo un carattere della prima frase sulla prima riga e un carattere della seconda frase sulla seconda riga. In altre parole, cerca di scrivere le due frasi quasi contemporaneamente, oscillando tra la riga di sopra e quella di sotto, carattere per carattere, come nella figura qui in basso. Anche in questo caso, misura il tempo che impieghi a completare l'esercizio.

mi ch _____

sono _____

Cosa hai notato? Hai impiegato tempi diversi per il primo e per il secondo esercizio? Io impiegai molto più tempo a completare il secondo. E che dire dello sforzo? Accorgermene fu un vero shock. Non è faticoso scrivere un carattere alla volta oscillando tra una frase e l'altra? Com'era la tua attenzione in quei momenti?

Trovo questo esercizio davvero geniale perché mostra, meglio di tante parole, e in un modo semplificato ma di impatto, il costo di una modalità di lavoro che simula il multitasking. Vorrei invitarti a notare come lavora la tua attenzione nella quotidianità. Ad esempio, quando sei impegnato a fare qualcosa e magari, allo stesso tempo, rispondi a qualcuno o controlli lo smartphone, senti questa fatica? E com'è la qualità di quello che fai? È affidabile o devi rivedere tutto in un secondo momento?

Gli effetti negativi di questo fenomeno sono rilevanti, come spiega Daniel Goleman (Goleman, 2014). L'attenzione si abitua alla dispersione, la memoria di lavoro riorganizza continuamente i suoi contenuti per gestire ora un compito ora l'altro, con evidente consumo di energia ed effetti sulla qualità, incluso il tempo impiegato per portare a termine un compito. Pensiamo a quando scriviamo un'email in cui dobbiamo dare delle risposte e, nel frattempo, parliamo al telefono. Impieghiamo più tempo e avremo bisogno di riguardare tutto, forse anche di riscriverla.

La mente abituata al multitasking diventa incapace di filtrare le informazioni salienti perché è letteralmente invasa dai dati. Nel vivere in questa epoca ci alleniamo inconsapevolmente a un'attenzione spot, che finisce per imprigionarci in un'oscillazione quasi compulsiva, tipica di chi non riesce più a concentrarsi su una cosa senza occuparsi parallelamente di altro, come controllare Facebook, Instagram, WhatsApp o le email, strumenti utilissimi di cui è facile però diventare schiavi.

Continuando con i danni, sfatiamo anche il mito del multitasking come segnale di una capacità superiore. Il neuroscienziato Daniel Levitin (Levitin, 2015) ci dice cose sorprendenti: il QI si abbassa e lo stress aumenta attraverso una maggiore produzione di cortisolo e adrenalina. Allora perché continuiamo a operare in questo modo? La risposta che Levitin ci dà è semplice e disarmante: il multitasking dà assuefazione! Sì, proprio la stessa assuefazione che dà una droga.

Ogni volta che passiamo a qualcosa di nuovo, come controllare se ci sono nuovi *like* al nostro post su Facebook, attiviamo il sistema di *seek novelty*, e ogni volta che lasciamo un compito per rispondere a un messaggio, il completamento di questa attività, anche se minimamente rilevante, attiva il sistema di ricompensa nel cervello. Il meccanismo del conseguimento, alla base della nostra motivazione a eccellere, a riprodurci, a vincere, produce dopamina.

Il multitasking quindi è una droga?
Prova a vedere se riesci a stare con lo smartphone spento per una giornata intera, sempre se non hai emergenze di cui occuparti. Che effetto ha su di te? È facile o ti mette in difficoltà? Puoi iniziare con tempi più brevi, ad esempio qualche ora.

Io ho trasformato questo esercizio in una "coccola". All'inizio l'impulso a controllare, a essere sempre "online", era prepotente al punto che, scegliere di non seguirlo, lasciando lo smartphone spento, mi creava un insolito senso di irrequietezza. Anche senza i segnali acustici del telefonino, la mia attenzione restava instabile. La sentivo trascinata via, letteralmente risucchiata dall'idea che ci fossero email da leggere. Rimanevo ferma qualche istante, per incontrare quell'esperienza, poi continuavo a fare ciò che stavo facendo.

Con il tempo quello spazio "offline" dalla tecnologia social è diventato un dono. È un tempo che non devo dividere, è preziosissimo. La consapevolezza offre uno spunto importante per comprendere come funzioniamo, per andare oltre quelle che forse sono diventate, nelle nostre vite, delle condizioni di normalità dove l'abitudine ha reso accettabile questo modo insano di elaborare gli stimoli intorno a noi.

Conoscere il modo in cui prestiamo attenzione alle cose su cui siamo impegnati aiuta a comprendere dall'interno la differenza fondamentale tra appoggiare temporaneamente un'attenzione distratta e offrire interamente noi stessi a qualcosa di cui in un dato momento ci stiamo occupando. Pensa a come sarebbe la tua vita se tutto ciò di cui devi occuparti fosse interessante. Il segreto, se di segreto si può parlare, risiede nel modo in cui volgi lo sguardo. In base a questo, tutto può cambiare. E in effetti cambia.

Disponiamo della capacità di allenare un'attenzione piena, unificata. Per poterlo fare, abbiamo bisogno di conoscere la mente che abbiamo ora, con le sue abitudini e le sue modalità. Abbiamo bisogno di dedicare a noi stessi del tempo. Un'attenzione unificata è l'antidoto al multitasking. È il modo più efficace per restituire alla mente la sua innata capacità di essere pienamente nell'esperienza. L'esperienza dell'apprendimento, infatti, così come quella del trasmettere conoscenza, attiene alla dimensione dell'*essere* prima ancora di coinvolgere il *fare*. Imprigionati nel gorgo del *fare* compulsivo, spesso ci dimentichiamo di *essere con* ciò che osserviamo. La differenza è enorme.

Cosa significa coltivare un'attenzione unificata?
L'invito a coltivare un'attenzione unificata è prima di tutto un invito alla semplificazione. La capacità della mente di tornare alla

sua dimensione di semplicità è un'espressione di saggezza. Invece, soprattutto in Occidente, il concetto di semplicità è comunemente associato alla manchevolezza. Abituati a creare complicazione su ogni tipo di esperienza (la mente che si avvita, che resiste, che si preoccupa, che fa riferimento a modelli conosciuti al punto da sovrapporli alla realtà), abbiamo con il tempo imparato a considerare la complicazione come un valore. Niente di più falso.

Se si tiene conto del significato più profondo della parola, ci si accorge che *semplice* significa *uno, unificato*. L'attenzione semplice, o semplificata, tipica di una mente che ha lasciato andare gli ingorghi e le complicazioni per conoscere attraverso un contatto diretto, è un'attenzione che recupera la sua capacità di unificarsi. Una mente che coltiva questo tipo di attenzione è una mente pacificata. È questo il modo più efficace per limitare i danni dell'*information overload*. L'attenzione unificata è l'ingrediente essenziale per conoscere realmente e autenticamente, per apprendere affacciandoci al mondo direttamente dall'interno di noi stessi.

Possiamo imporre a noi stessi un'attenzione di questo tipo?
La risposta è no, assolutamente. L'imposizione è già di per sé divisiva, non può unificare. Un'attenzione forzata ha come unico effetto la fatica. Hai mai provato a sforzarti di essere concentrato? Qual è stato il risultato? Potresti mai essere completamente assorbito da qualcosa dovendotelo imporre? Io credo di no.

Per coltivare la capacità di un'attenzione unificata è necessario innanzitutto imparare a ricevere. E per ricevere è necessario uno sguardo sul *come* più che sul *cosa*. Come prestiamo attenzione? Cosa ci motiva a concentrarci su qualcosa? Le occasioni in cui si apprende meglio sono quelle in cui la nostra attenzione è guidata dalla curiosità, da un interesse genuino. Queste qualità riducono lo sforzo, ampliano la visione oltre l'imposizione e aprono il nostro canale di ricezione in tutte le direzioni coinvolte.

Quanto apprendiamo leggendo qualcosa che ci incuriosisce?
Quando siamo curiosi, offriamo una disponibilità genuina a saperne di più, a conoscere ciò che può essere conosciuto di un certo argomento. E come vola il tempo! Qual è il tuo stato mentale quando leggi un libro che ti appassiona? Senti fatica,

gioia o cos'altro? Quando il motore dell'attenzione è la curiosità, lo sforzo si riduce al minimo in favore di una grande apertura della mente. Parliamo di una qualità intrinseca nella nostra capacità di scoprire il mondo, ne facciamo esperienza soprattutto da bambini. Non è vero che i bambini sono curiosi di tutto? E da adulti? Se è vero che possiamo incuriosirci solo per alcune cose, quanto perdiamo della nostra vita?

Come sarebbe poter essere curiosi di ogni esperienza?
Se ci pensi, ogni esperienza è qualcosa che non è mai stata vissuta prima. La mancanza di curiosità è dovuta al fatto che quell'esperienza non la percepiamo come nuova. Solitamente ne identifichiamo pochi elementi per poter categorizzare ciò che vediamo e riconoscerlo come qualcosa di noto.

È così che spegniamo la nostra curiosità. Ma si tratta di una qualità intrinseca all'essere umano. Possiamo coltivarla come si nutre un seme, invece la perdiamo con il tempo, quando cominciamo a considerarci "esperti della vita".

Ricordo che da bambina amavo molto leggere. Il libro a cui devo di più in assoluto è *Il piccolo principe* di Antoine de Saint-Exupéry (Saint-Exupéry, 2014). Confesso di rileggerlo periodicamente ancora oggi perché i suoi insegnamenti rimangano sempre vivi. Vedere il piccolo principe che apprezza il disegno della scatola che dovrebbe contenere una pecora, o che disegna un boa che ha appena mangiato un elefante, mi fa sempre sorridere e riflettere.

Durante l'infanzia e l'adolescenza, quando leggevo ero completamente assorbita dalle storie. Ero dentro al libro, insieme ai protagonisti. Davo loro volti, colori, movimenti, li contestualizzavo. Vivevo in quelle storie e mi nutrivo delle parole che leggevo. Non ne avevo mai abbastanza e non sentivo alcuna fatica. Lo avrei fatto per giornate intere, senza sosta.

Ti è mai capitato di essere completamente assorbito e di sentirti addirittura ritemprato facendo qualcosa che ti piace? Quanto vorresti che nello studio o nel lavoro la tua attenzione fosse spinta da questa voglia di scoperta? Come sarebbe dimorare in un'attenzione coinvolta, aperta, curiosa, invece di doverti imporre di essere concentrato per costringerti a diventare bravo in qualcosa?

Corrado Pensa (Pensa, 2002) sottolinea che, tipicamente, quando si parla di attenzione si fa riferimento a quella che potrebbe essere definita un'*attenzione funzionale*, cioè l'attenzione che serve a svolgere un compito o a portare a termine un lavoro. Si tratta di un'attenzione subordinata al compito o al lavoro, completamente al servizio di ciò che stiamo facendo. È un'attenzione utilissima, indispensabile per occuparci di ciò che facciamo, senza la quale non riusciremmo a portare a termine alcunché e senza la quale i traguardi che abbiamo raggiunto non sarebbero stati possibili.

Corrado Pensa parla anche di un altro tipo di attenzione che non è al servizio di un lavoro o di un compito e nemmeno di uno svago. Si tratta di un'attenzione gratuita che diventa il valore centrale dell'esperienza. In questo ribaltamento del modo in cui siamo abituati ad agire, l'attenzione stessa diventa l'oggetto primario e tutto il resto lo scopo secondario. In questa situazione, il compito che stiamo svolgendo diventa qualcosa che supporta l'attenzione invece di esserne lo scopo. E questo tipo di attenzione, gratuita, non subordinata a nulla, porta unificazione e pacificazione nella mente.

Una mente unificata, pacificata, non è condizionata dal valore che assegna al contenuto dell'esperienza. Un'attenzione così trae nutrimento dall'offrirsi, indipendentemente da ciò che troverà davanti a sé. Offrire è l'atto di chi non si aspetta nulla in cambio.

Chi offre riceve già da quell'offrire
Per meglio comprendere questo punto essenziale, pensa a quando offri qualcosa di te a un amico, ad esempio il tuo tempo. Come ti senti? Ti è mai capitato di essere con quella persona senza cercare nulla, senza aspettarti nulla, provando gioia per il solo fatto di offrirle qualcosa? Ecco, questa è l'attenzione di cui parliamo. Ne siamo capaci, ma abbiamo perso l'abitudine. Per questo va allenata.

Il tipo di vita che mediamente si conduce in Occidente, con le dovute eccezioni, s'intende, ha consolidato enormemente l'attenzione funzionale, salvo poi metterla a dura prova con il multitasking. Così oggi ci ritroviamo con una capacità di attenzione funzionale allenata ma in grande difficoltà e una capacità ormai dimenticata di porre al centro di tutto l'attenzione stessa. Questo sbilanciamento ci condiziona al punto da nascondere a noi stessi le nostre qualità, costringendoci a vivere nella costante percezione di essere manchevoli di qualcosa.

Non possiamo più aspettare
Prenderci cura della nostra capacità di offrire attenzione è una necessità delicata e prepotente, che non toglie nulla alle nostre preferenze, ma che ci permette di incuriosirci di tutto. La possibilità di offrirci a una conoscenza meno veicolata dal compito o dal pregiudizio può farci scoprire aspetti di noi che non conoscevamo. Può perfino cambiare le nostre preferenze.

La scoperta di noi stessi è un processo che resta vivo finché noi siamo vivi, non si ferma a un certo punto restituendoci un'immagine imperitura di ciò che siamo. Ciò che sembra solido, certo, indiscutibile, a proposito delle nostre capacità, è solo qualcosa a cui siamo abituati, intorno a cui abbiamo creato dei comportamenti, delle scelte che abbiamo definito nostre. Se conosciute con il delicato tocco della consapevolezza, queste solidità possono perdere consistenza permettendoci di cogliere la vera maestosità della nostra natura.

Quando l'essere umano comprende di essere molto più grande di un insieme di comportamenti, abitudini, predisposizioni e tendenze, si trova in un terreno di piena libertà, che è l'ingrediente di base per esprimere il suo massimo potenziale. È questo che intendo quando parlo del genio che abbiamo dentro. E le potenzialità della mente umana sono praticamente infinite. Lavorare con le risorse che la natura ci ha messo a disposizione permette di superare limiti che sembrano invalicabili e barriere che sembrano eterne, per scoprire che siamo molto potenti e in grado di offrire un immenso contributo alla nostra comunità semplicemente diventando ciò che già siamo. Una mente *mindful*, o mente consapevole, è proprio questo.

Il genio nasce nell'integrazione tra il *fare* e l'*essere*
Siamo esseri umani integri. Il tipo di vita che conduciamo ci ha portati a sbilanciarci sul *fare* (la società ci chiede azioni, reazioni, risultati, velocità) trascurando la dimensione dell'*essere*. Ci sono aspetti della nostra vita in cui questa dimensione invece è necessaria, e lo stiamo vedendo. Non si tratta di passività;

dimorare nella consapevolezza mentre ci muoviamo nel mondo significa essere svegli, ed è qualcosa di estremamente attivo.

Il *doing-mode*, cioè il *fare*, risulta efficace e imprescindibile quando è necessario seguire una progressione logica nell'ambito di un contesto conosciuto. Quando sappiamo cosa fare per realizzare qualcosa, attiviamo il *doing-mode*. Risulta invece inadeguato nelle situazioni in cui abbiamo bisogno di conoscere, di esplorare e comprendere in un modo che non sia solo il pensare.

Nella dimensione dell'*essere* emergono le qualità di una mente consapevole
Il *being-mode*, o modalità dell'*essere*, è il terreno fertile in cui emergono le qualità di una mente *mindful* (Kabat-Zinn, 2018). Una di queste è la *mente del principiante*, aperta, inclusiva, curiosa. Il principiante è curioso, ha voglia di imparare, non si sottrae; il cosiddetto "esperto", invece, è colui che si rifiuta di conoscere, affermando che sa già. L'esperto, o presunto tale, è colui che interagisce con i modelli della realtà che si è costruito invece che con la realtà stessa. La vera ignoranza è nel rifiuto di

conoscere, nel non vedere che ogni momento è nuovo. Avvalersi di conoscenze pregresse è saggio, farne dei filtri per incontrare ciò che è nuovo è ingenuo.

Il maestro Zen Shunryu Suzuki-Roshi, che ha offerto al mondo il termine *mente di principiante* (Suzuki-Roshi, 1977) ci dice: «Nella mente di principiante ci sono tante possibilità; in quella da esperto poche». Le opportunità offerte a una mente che conosce attraverso il senso di meraviglia sono incredibili.

Un'altra qualità essenziale di una mente *mindful* (Kabat-Zinn, 2018) è la *pazienza*. Quanti momenti di impazienza viviamo durante la giornata? Quante volte fremiamo nell'attesa di un momento futuro in cui confidiamo che debba accadere qualcosa di importante? Pensiamo ad esempio a quando siamo nel traffico, o quando non succede niente di particolare e fremiamo perché in seguito, magari la sera o il giorno successivo, succederà qualcosa di interessante. Sono momenti a cui implicitamente assegniamo un valore scarso o nullo, momenti che incontriamo senza curiosità, con un'attenzione sfuggente, momenti che ci rifiutiamo di conoscere.

A ben vedere noi abbiamo un momento alla volta e di momenti cosiddetti ordinari sono piene le nostre giornate. Questo significa che per gran parte del nostro tempo non viviamo. Ne siamo consapevoli?

A Rainer Maria Rilke, poeta e scrittore ceco dei primi del '900, sono stati attribuiti questi versi così significativi:
Bisogna, alle cose, lasciare la propria quieta,
indisturbata evoluzione che viene dal loro interno
e che da niente può essere forzata o accelerata.
E ancora:
Maturare come un albero che non forza i suoi succhi
e tranquillo se ne sta nelle tempeste di primavera,
e non teme che non possa arrivare l'estate.
In conclusione:
Si tratta di vivere ogni cosa.
Quando si vivono le domande,
forse, piano piano si finisce, senza accorgersene,
con il vivere dentro alle risposte
celate in un giorno che non sappiamo.

Coltivare la pazienza significa nutrire l'intenzione di vivere pienamente il momento, cogliendone il miracolo, l'immensità e la ricchezza, anche se sembra che non succeda nulla. Non c'è nessun momento in cui non succede nulla in un corpo vivo, in una mente sempre in movimento, in un universo fatto di continue interazioni. Ricordo di aver fatto molta pratica nel traffico. Abito in un quartiere di Roma ad altissima densità di popolazione dove, ogni volta che si esce in auto, si impiega almeno mezz'ora per coprire distanze di pochissimi chilometri. Persone che attraversano la strada in qualunque punto, scooter che tentano sorpassi acrobatici e automobili in doppia fila che ostruiscono il passaggio sono la normalità, soprattutto nelle ore di punta. Appare impossibile avere fretta di raggiungere un luogo e non soffrire, anche fisicamente, nel mezzo di quel caos dovuto al fatto che siamo in tanti e non proprio disciplinati.

Ricordo di avere scelto quelle occasioni per spostare la lente della consapevolezza sull'impazienza e sugli effetti che ha sull'umore. Protetta dall'abitacolo dell'automobile, impossibilitata a procedere se non di un metro alla volta, ho fatto di quei momenti un vero e proprio laboratorio. Riconoscendoli come luoghi da esplorare, ho potuto coglierne la ricchezza.

Gli effetti benefici di una mente coltivata attraverso queste qualità dell'attenzione sono supportati da svariate testimonianze in tutto il mondo. Diversi studi di neuroscienze sottolineano la correlazione esistente tra la partecipazione a programmi di Mindfulness e il miglioramento di alcune capacità cognitive.

Facciamo un esempio fra tanti (Michael D. Mrazek, 2013): due settimane di partecipazione a un programma Mindfulness, centrate prevalentemente su una pratica di attenzione focalizzata sul respiro o su specifiche aree del corpo, risultano correlate a un aumento della capacità della memoria di lavoro e alla riduzione delle dispersioni dell'attenzione. Insieme ad altri risultati analoghi relativi a questo ambito, ciò porta a considerare realistica la possibilità che praticare la Mindfulness sia un modo efficace di migliorare le capacità cognitive, con tutto ciò che ne consegue ad ampio raggio, nel lavoro, nello studio e in ogni aspetto della vita dell'individuo.

Qual è la qualità della tua attenzione in questo momento? Sei coinvolto o annoiato? Sei in multitasking o stai offrendo piena attenzione? Qual è il tuo stato d'animo? Qualunque sia la risposta, ricordarti di porre la domanda e lasciare che una risposta emerga senza forzarne la formulazione è già un momento di consapevolezza. Abbiamo bisogno di vedere come stiamo attraversando l'esperienza.

Uno dei regali più preziosi che un programma di Mindfulness può offrire è un modo diverso di vivere il tempo. Si tratta di un allenamento a essere svegli all'esperienza che si dispiega nel momento presente, restituendo la persona al proprio ritmo naturale. Ci accorgiamo della preziosità di un momento, della sua ricchezza, delle possibilità che offre. Quanto vale tutto questo?

L'attenzione umana è un sistema che coinvolge numerose funzioni, regolate dall'attivazione di diverse reti cerebrali. È fatta di componenti volontarie e componenti involontarie, che giocano un ruolo primario nel meccanismo di difesa della sopravvivenza. Assumere di avere il pieno controllo del nostro sistema dell'attenzione è una mera illusione della mente.

Che decidiamo o no di essere focalizzati su qualcosa – una presentazione, prendere appunti, studiare, ascoltare qualcuno – possono sopraggiungere condizioni, interne o esterne, in grado di catturare la nostra attenzione e trascinarla via. È una questione di sopravvivenza, e ciò comporta che questo meccanismo sia molto potente e abbia un alto grado di autonomia. L'attenzione segue l'oggetto che è identificato, consciamente o inconsciamente, come lo stimolo più saliente del momento.

L'allenamento proposto attraverso la Mindfulness non serve a snaturare l'attenzione, ma a renderla unificata, flessibile, curiosa, meno schiava degli stimoli e meno avvezza ad afferrare tutto senza che ce ne accorgiamo. Una vecchia favola paragona l'attenzione a un cavallo che, quando è imbizzarrito, ci porta ovunque decida, senza che possiamo minimamente intervenire. Oltre alle pratiche cosiddette "formali", che vedremo nella sezione dedicata al lavoro per la settimana, ho sempre trovato rigenerante prendermi qualche istante durante la giornata solo per raccogliere l'attenzione; giusto il tempo di qualche respiro. Appoggiarla dove le sensazioni del passaggio dell'aria sono più evidenti. Qualche istante.

Ora che abbiamo un'idea della Mindfulness e che siamo entrati in confidenza con questo linguaggio, ora che abbiamo cominciato a intravedere le possibilità che offre, vale la pena spendere qualche parola per definirla in un modo più rigoroso. Una definizione data prematuramente viene imparata, e non voglio che ti limiti a impararla. Mindfulness letteralmente significa presenza mentale. Secondo la definizione data da Jon Kabat-Zinn, la Mindfulness è «la consapevolezza che sorge dal prestare attenzione in modo intenzionale e non giudicante all'esperienza che si dispiega nel momento presente».

La prima cosa di cui le persone tipicamente si convincono quando si parla di Mindfulness è che significhi avere una mente sempre nel presente. In realtà vivere sempre nel presente è prerogativa degli altri animali, non dell'uomo. Solo una mente incapace di proiezioni e di capacità riflessive è sempre nel presente. Ma una mente come quella dei nostri animaletti domestici possiamo considerarla una mente presente?

La questione è dibattuta, anche attraverso vignette divertenti, ma direi di no. I nostri animaletti vivono nel presente perché il loro cervello non offre altre possibilità e, soprattutto, non lo sanno. Una mente presente sa di esserlo, è in grado di scegliere di esserlo e di accorgersi quando non lo è. Per essere presente, una mente deve avere la capacità di osservare se stessa e, per quanto ne sappiamo, solo la mente umana ne è capace.

Un altro aspetto essenziale è dato dal *come*. Nelle qualità di presenza c'è un'attitudine precisa di non giudizio, di apertura, di disponibilità a conoscere. Quindi una mente presente non è una mente che vive sempre nel presente. È, prima di tutto, una mente umana. Una mente che coltiva la sua stabilità allenandosi alla presenza, riconoscendo i suoi movimenti, usando gentilezza e determinazione per lavorarci, come si fa con un bambino da educare amorevolmente, o con un cucciolo. Una mente presente esprime totalmente la sua natura, si apre alla vita con curiosità e disponibilità.

Elegantemente espresse da Rumi, poeta persiano del XIII secolo (Rumi M.J.-D., 1997), queste parole offrono una meravigliosa metafora che possiamo usare per meglio comprendere il significato della presenza:

La tua mano si apre e si chiude, si apre e si chiude,
se ci fosse sempre un pugno o una mano aperta,
sarebbe paralizzata.
La tua presenza più profonda
è in ogni piccola contrazione ed espansione,
entrambe meravigliosamente bilanciate e coordinate
come le ali di un uccello.

In fondo a ogni capitolo, nella sezione "Pratiche ed Esercizi", troverai istruzioni semplici, non c'è nulla da capire, basta lasciarsi guidare. I più grandi ostacoli sono quelli creati dai condizionamenti mentali.

Le aree della memoria in cui sono conservati gli accadimenti passati (Siegel, 2008) insieme ai nostri approcci dettati dall'abitudine, costruiscono nel cervello un'impalcatura solida, fatta di connessioni a livello neuronale, che organizza la nostra vita.
Nel prossimo capitolo affronteremo questo tema in maggiore dettaglio, per ora è sufficiente dire che, quando un ostacolo che la mente crea diventa oggetto di consapevolezza, in quel preciso

momento smette di essere un ostacolo.

Per una mente consapevole non esistono ostacoli ma solo oggetti di consapevolezza
Durante questa settimana ci alleniamo a rafforzare la capacità della mente di raccogliersi, di unificarsi intorno a un oggetto suggerito. Rafforziamo in questo modo l'abilità di scegliere dove dirigere l'attenzione e di curarne la qualità. Ti invito a seguire le istruzioni rispettando i tempi suggeriti e a dedicare alla pratica almeno quindici minuti al giorno.

Personalmente ho sperimentato anche soluzioni 'ridotte'. In base alla mia esperienza, è necessario un tempo minimo per creare nuove consuetudini, per dare vita a cambiamenti che si possano percepire. Prenditi il tuo tempo, sono poche le persone che non possono permettersi di regalarsi quindici minuti al giorno. L'invito, pertanto, è a non cercare sconti, si tratta realmente di un dono che fai a te stesso.

Prima di cominciare a leggere il prossimo capitolo, allenati per tutta la settimana con gli esercizi di questo. Se segui i tempi del programma, sarà come avere un istruttore al tuo fianco.

Grazie per l'attenzione e buona settimana di pratica.

RIEPILOGO DEL CAPITOLO 1:
1. Quando ci sembra di lavorare in multitasking, in realtà stiamo facendo oscillare velocemente e continuamente la nostra attenzione su due o più stimoli. Il prezzo che paghiamo è un danno alla funzione dell'attenzione, un aumento dello stress e perfino un decremento del nostro QI (Quoziente Intellettivo).
2. Semplice non significa manchevole di qualcosa. Nel suo significato più profondo, semplice vuol dire uno, unificato. Un'attenzione semplice è la più alta forma di attenzione che possiamo offrire. È un antidoto ai danni dell'*information overload*.
3. Esiste l'*attenzione funzionale*, subordinata a un compito o a un lavoro. Ma esiste anche un'attenzione che ha l'attenzione stessa come oggetto primario e che non è subordinata ad alcun compito né lavoro.
4. Attraverso un training mentale alla consapevolezza (Mindfulness) possiamo diventare curiosi di qualunque esperienza. Nelle qualità di un'attenzione curiosa risiede il genio naturale della nostra mente.

PRATICHE ED ESERCIZI – PRIMA SETTIMANA

- Pratica seduta: *fluire con il respiro*. Nel paragrafo seguente sono dettagliate le istruzioni.
- *Vedere*. Ogni tanto, durante la tua giornata, fai caso a cosa stai guardando. Prenditi qualche istante per mettere a fuoco i dettagli, i colori, la forma dell'oggetto che hai davanti a te. Vedi se ci sono dettagli a cui non avevi fatto caso. Lascia che gli occhi ricevano tutto questo; conosci attraverso il vedere, senza descrivere.
- *Camminare*. Nei brevi tragitti a piedi, ad esempio quando vai a prendere l'automobile o quando ti sposti da una stanza a un'altra in casa, prova a essere presente all'atto del camminare. Prova a sentire il corpo che si muove, il contatto dei piedi con il terreno, le posizioni di equilibrio che cambiano continuamente mentre cammini. Prova a camminare per camminare, prima ancora che a camminare per raggiungere un luogo. Di solito usiamo le fasi di transizione da un luogo a un altro per affogare in qualche storia della mente. Proviamo invece a cogliere in questi momenti l'opportunità di sentire il corpo vivo che cammina.
- *Assaporare*. Per un piccolo pasto al giorno, che sia un frutto,

un pezzo di pane, un biscotto o altro, prova ad assaporarne ogni minuscola parte. Mordi lentamente, sentendo ciò che accade in bocca al primo contatto con il cibo. Mastica a lungo e lentamente restando connesso alle sensazioni che emergono nella bocca e anche nello stomaco. Prova a sentire cosa ti piace di quel cibo, non lasciarti sfuggire nulla del suo sapore. Quando lo ingoi, seguine il percorso attraverso la gola, lungo l'esofago, finché lo percepisci. Resta qualche istante con queste sensazioni prima di mangiare altro o di tornare alle tue attività.

- *Diario di pratica.* Dopo il paragrafo dedicato alle istruzioni per la pratica, trovi un'area che puoi usare come diario delle scoperte e delle difficoltà.

FLUIRE CON IL RESPIRO: ISTRUZIONI

Ti invito a leggere interamente le semplici istruzioni che seguono e poi provare a praticare. La prima istruzione è predisporti a dedicare quindici minuti della tua giornata alla pratica seduta. Con l'aiuto di un timer, o di una sveglia, non dovrai preoccuparti di controllare il tempo.

Prendilo come un piccolo impegno, un momento da passare in buona compagnia di te stesso, dedicato interamente a coltivare benessere, chiarezza e comprensione. Trova un luogo che sia il più silenzioso possibile e confortevole in cui, per il tempo della pratica, tu possa essere solo. Spegni il telefono e, se possibile, renditi irreperibile per questi quindici minuti.

Siedi su una sedia comoda, con i piedi che poggiano a terra alla stessa distanza delle anche. La schiena è più eretta possibile, senza rigidità; se riesci, non appoggiarla allo schienale; se però hai bisogno di appoggiarti, non indugiare, fallo pure in qualunque momento. Assumi una posizione che sia comoda e che allo stesso tempo ti permetta di mantenere uno stato di veglia. Per tenere eretta la colonna anche alla sommità, prova a far rientrare leggermente il mento. Lascia cadere le spalle; le mani sono in grembo o appoggiate sulle cosce.

Prenditi qualche istante semplicemente per sentire il corpo vivo nella sua interezza, seduto dov'è seduto, che si prende cura di sé. Resta presente alle sensazioni di contatto dei glutei con la seduta, dei piedi con il pavimento, della mano con le cosce o con l'altra mano. Senti i tuoi vestiti, il contatto dei tessuti con la pelle. Sulle parti scoperte, come il viso e le mani, prova a restare presente al tocco dell'aria sulla pelle. Se la cosa non ti crea disagio, chiudi gli occhi, altrimenti puoi tenerli aperti o aprirli in qualunque momento, mantenendo uno sguardo sfocato e diretto verso il basso a circa quarantacinque gradi.

Mentre sei in questa posizione, puoi semplicemente accorgerti che stai respirando. Presta attenzione alle sensazioni generate dall'aria che entra ed esce dal corpo. Lasciando fluire il respiro al suo ritmo, senza intervenire a modificarlo, meglio che puoi, prova a raccogliere l'attenzione sulla parte del corpo in cui le sensazioni del passaggio dell'aria sono più evidenti: forse le narici, o il torace, oppure l'addome. Una volta scelto il punto, prova a riposare nella consapevolezza delle sensazioni che il respiro produce. Un respiro alla volta, seguine tutto il flusso, senti le piccole pause tra inspirazione ed espirazione e le piccole pause tra la fine di un respiro e l'inizio di un altro.

Prova a sentire come sono fatti i respiri, che sono diversi l'uno dall'altro. Non intervenire deliberatamente per modificare o controllare il processo del respiro; l'invito è a rimanere vicino alle sensazioni, con il tocco leggero della consapevolezza. Non si tratta di pensare al respiro, ma di sentirne gli indizi nel corpo.

Meglio che puoi, prova a coltivare un'attitudine aperta, gentile, curiosa. Ogni momento non lo hai mai vissuto prima né lo rivivrai; ogni respiro è unico, permetti a te stesso di conoscerlo così com'è.

L'istruzione di base è coltivare un'attenzione che non sia subordinata alla valutazione dell'oggetto. E, ogni volta che ti accorgi che l'attenzione è andata via, in quel momento sei già tornato qui.
Vedi dove si è posata e poi, con gentilezza e determinazione,

proprio come faresti con un cucciolo da addestrare, prova a riportarla a casa, appoggiandola sulla parte del corpo che avevi scelto per sentire il respiro. Non importa quante volte ti distrai, ricomincia sempre, in ogni momento, a ogni respiro.

DIARIO DI PRATICA – PRIMA SETTIMANA

Ogni giorno puoi usare questo spazio per annotare brevemente le scoperte e le difficoltà incontrate nella pratica. Poche parole, non un discorso. Non sforzarti di trovare qualcosa da scrivere. Puoi anche non scrivere niente. Alla fine del programma potrai riguardare i diari settimanali, uno per ogni capitolo, e vedere che esperienze hai attraversato durante questo percorso.

GIORNO 1

....
....
....
....
....

GIORNO 2

....
....
....
....
....

GIORNO 3

....
....
....
....
....

GIORNO 4

....
....
....
....
....

GIORNO 5

....
....
....
....
....

GIORNO 6

....
....
....
....
....

GIORNO 7

....
....
....
....
....

TESTIMONIANZE

Ecco alcune condivisioni di partecipanti raccolte durante i miei corsi e rilevanti per i temi del capitolo.

«Mi sono accorto con grande sorpresa che durante le mie giornate molto del tempo lo passo in modalità pilota automatico. Non lo avrei creduto se me lo avessero detto; voglio continuare a esplorare».

«Quando in ufficio noto che sto cercando di lavorare in multitasking, riesco a sentire quanto la mia mente si affatichi. Allora mi fermo un attimo e respiro. La maggior parte delle volte non è necessario fare tante cose insieme, è l'abitudine a prevalere. Quando me ne accorgo, mi fa piacere, smetto di esserne schiava».

«La cosa più difficile all'inizio è stata organizzarmi per praticare ogni giorno. La mente ha tardato un po' ad abituarsi, tante volte cercava scuse perché si annoiava un po' a seguire il respiro. Ho cercato di essere costante e, a un certo punto, senza nemmeno accorgermene, non ho più messo in discussione quel tempo che ogni giorno dedico a me stessa. Ne valeva la pena».

«La mia mente si distraeva spesso durante la pratica a causa dei tanti pensieri. Finché ho provato a combatterli, ho faticato molto e loro aumentavano. Non mi rendevo conto che, quando mi accorgevo di essere distratto, ero già tornato presente. Allora mi sono rilassato e ho permesso ai pensieri di stare lì, ho provato a non farmi trascinare dentro. Ho sentito che la mente era più calma, l'attenzione meno ballerina e i pensieri hanno cominciato a essere meno invadenti.».

«Quando ho iniziato questa pratica, e premetto che non avevo mai praticato prima, non mi distraevo tanto. Almeno così credevo. Poi pian piano ho cominciato ad accorgermi sempre più spesso dei momenti di distrazione. Allora ho pensato che praticare aumentasse la distrazione. Ero convinta di sbagliare qualcosa. Invece la consapevolezza mi ha portato ad accorgermi più spesso di cosa la mia attenzione afferrava. E mi sono data il permesso di mollare la presa ogni volta. Dopo un po' di tempo ho notato che la mente si trovava sempre più spesso in uno stato di calma, con meno distrazioni e molto raccoglimento. Ora la pratica è diventata per me un momento irrinunciabile. E, soprattutto, mi sono resa conto che prima vivevo costantemente in un film. Grazie».

Capitolo 2:
Come addestrare la mente a ridurre lo stress

*Se le porte della percezione fossero purificate,
tutto apparirebbe all'uomo come in effetti è, infinito.*
(William Blake)

In questo capitolo ti farò conoscere qualcosa del protocollo MBSR (Mindfulness-Based Stress Reduction – Riduzione dello Stress attraverso la Mindfulness) creato nel 1979 da Jon Kabat-Zinn e diffuso in tutto il mondo per i suoi enormi benefici, supportati da migliaia di testimonianze e da un consistente volume di studi neuroscientifici a opera di università e centri di ricerca.

Sappiamo da evidenze scientifiche, e anche dall'esperienza, che lo stress è in grado di influire significativamente sulle capacità umane che includono il prestare attenzione, l'apprendimento, la collaborazione, la creatività e perfino l'insegnamento. E il legame appare molto forte. Sotto stress le capacità della mente cambiano radicalmente per cause neurofisiologiche. Le strategie che mettiamo in atto per ripristinarle spesso non fanno che accentuare il problema.

Dedichiamo questo capitolo allo stress, alla reattività agli *stressor*, o fattori stressogeni, mostrando come l'allenamento alla consapevolezza possa creare nella mente uno spazio di scelta per permetterci di adottare comportamenti meno automatici e più appropriati.

Ciò che condivido qui è il frutto del mio lavoro come istruttrice MBSR con persone di tutte le età e di qualunque professione, inclusi diversi studenti. E condivido anche degli spunti di vitale importanza che ancora porto con me e che risalgono ai tempi della mia formazione presso il Centro Italiano Studi Mindfulness di Roma e presso il Center for Mindfulness in Medicine, Health Care and Society, University of Massachusetts Medical School, dove il MBSR è nato e dove ho conseguito la certificazione finale per il suo insegnamento. Al momento della scrittura di questo libro si contano cinque persone in Italia ad avere questo titolo. Della formazione mi è rimasta una grande ricchezza, che l'esperienza di conduzione mi ha reso in grado di trasmettere.

Quanto incide lo stress sulle nostre vite?

È quasi paradossale che molte persone non sappiano dare una definizione di stress, mentre nessuno al mondo potrebbe dire di non averlo mai sperimentato. E quanto incide l'attivazione da stress sulle nostre performance se, ad esempio, dobbiamo preparare un esame, o fare una presentazione in pubblico, o affrontare compiti non facili o, più in generale, uscire dalla cosiddetta *comfort-zone* per un qualunque motivo? Come ci fa sentire tutto questo?

Non c'è un solo ambito di vita che non sia soggetto a *stressor* e, pur nella variabilità dei casi, non esistono persone che ne siano immuni. Ti capita mai che, proprio quando serve lucidità, quando devi essere più produttivo, o hai un esame importante e sei sottoposto a una pressione forte, all'improvviso la mente si chiude e tutto sembra confuso? In certe circostanze la mente si chiude, è proprio così.

Esistono due tipi conosciuti di stress: l'*eustress* e il *distress*. L'*eustress* è uno stress funzionale alla concentrazione, che comporta un minimo di attivazione perché si sia svegli, motivati, tesi al punto giusto per affinare l'attenzione e le capacità ricettive, per fissare informazioni nella memoria, per cogliere possibili associazioni. Quando supera certi livelli, quell'attivazione perde il suo carattere funzionale e diventa *distress*. Quando parliamo genericamente di stress, comunemente ci riferiamo a questo. Ed è al *distress* e ai modi di prendercene cura che è dedicata questa parte del libro.

Intanto inizierei con lo sfatare un mito molto consolidato. Parliamo solitamente di stress come di qualcosa che si oppone al nostro benessere. Ne facciamo spesso un nemico da sconfiggere ma non c'è niente di più inesatto o confusivo. Lo stress è la risposta dell'organismo a uno *stressor*, cioè a un agente, interno o esterno, che genera una richiesta ambientale, reale o percepita. Lo stress è una risposta potente che sorge per essere adattiva, non distruttiva. È biologicamente disegnato per essere protettivo della nostra sopravvivenza, non per distruggerci.

E allora perché nuoce così tanto alle nostre vite? Proviamo a spiegarlo in queste pagine, intanto per il momento ci basti sapere che possiamo lavorarci per ridurne sensibilmente gli effetti.

Cosa accade nel cervello quando, in presenza di uno *stressor*, si attiva una reazione?

Cominciamo con il dire che esistono *stressor esterni*, eventi come una conversazione difficile, scadenze ravvicinate nel lavoro o nello studio, esami. E poi ci sono anche gli *stressor interni*, come alcuni ricordi, anticipazioni di eventi futuri che destano preoccupazione, associazioni mentali, definizioni di noi stessi che dicono che non siamo capaci, o che non siamo portati, o che non riusciremo a fare ciò che ci proponiamo di fare.

La prima cosa che sembra evidente è che non sia solo l'evento in sé a scatenare questo tipo di attivazione dell'organismo. Ce ne accorgiamo perché eventi molto simili scatenano in persone diverse reazioni diverse. Ti è mai capitato di rifletterci? Ciò che è in grado di "stressare" qualcuno, come ad esempio guidare nel traffico o avere scadenze imminenti, potrebbe non "stressare" qualcun altro. L'evidenza di ciò identifica nella percezione un altro fattore di rilievo in questo processo.

Il modo in cui percepiamo qualcosa è strettamente connesso al

modo in cui risponderemo

Nella nostra vita abbiamo costruito dei modelli di percezione che ci portano a riconoscere le cose con cui veniamo in contatto. Le esperienze passate, l'educazione e perfino alcuni fattori innati forgiano la percezione che abbiamo del mondo e, di conseguenza, influenzano significativamente le nostre risposte comportamentali. Le percezioni ci fanno riconoscere qualcosa attraverso modelli conosciuti, da cui poi scaturisce una valutazione dell'esperienza (ad esempio: è qualcosa di minaccioso).

Esperienza sensoriale > Riconoscimento (Percezione) > Incasellamento in una categoria conosciuta

Lo stress è una transazione in cui anche la percezione ha un ruolo essenziale

Facciamo un piccolo esercizio. È uno di quelli che vengono proposti nel MBSR. Prendi un foglio di carta e disegna nove punti, come mostrato nella figura qui in basso.

•   •   •

•   •   •

•   •   •

Ora che hai il tuo foglio con i nove punti, senza staccare la matita dal foglio, traccia quattro linee rette toccandoli tutti e nove. Un consiglio: prova a risolvere questo esercizio senza cercare aiuti. Puoi trovare la soluzione ovunque sul web, e anche in fondo a questo capitolo, dopo la sezione di pratica ed esercizi ma, più ancora che sapere come si risolve, è importante che tu veda quali strategie metti in atto per risolverlo. Fai più prove, prenditi del tempo, se ti serve. Se poi proprio non riesci, guarda pure la soluzione. Qui di seguito ho aggiunto una riflessione sull'esercizio, da leggere dopo, quando hai la soluzione in mano. Se vuoi ancora provare a risolverlo, salta pure il prossimo paragrafo e prosegui la lettura. Ci tornerai più tardi.

Riflessione sulla soluzione dell'esercizio del nove punti
Finché continuiamo a vedere un quadrato, non possiamo risolvere l'esercizio. Solo quando effettuiamo un cambio di prospettiva, vedendo nove punti e uno spazio che li contiene, permettiamo a noi stessi di considerare un ventaglio più ampio di possibilità, tra cui la soluzione.

Si tratta di una metafora incredibilmente efficace che ci fa comprendere come a volte per affrontare una situazione sia necessario un approccio diverso da quello abituale. Riconoscere di aggiungere qualcosa a ciò che vediamo, come unire i puntini e percepire un quadrato, è un *insight* incredibilmente potente sul modo in cui funzioniamo.

Ci sono modi diversi di vedere le cose. Quello a cui siamo abituati solitamente non ci dà alcuno spazio di scelta. Continuiamo a percorrere il "quadrato" senza sapere che possiamo arrivare anche al punto centrale, basta uscire da quello schema. Tornando all'esercizio, se facciamo un passo indietro per vedere meglio, ci accorgiamo che c'è uno sfondo che è parte dell'immagine. Quanti "quadrati" vediamo nella nostra quotidianità? Quante volte uniamo i puntini per completare l'immagine e ricondurla a una conosciuta?

Dove eravamo rimasti?
Ti sarai accorto che tipicamente le nostre reazioni agli *stressor* avvengono quasi senza che ce ne accorgiamo. Si tratta di automatismi consolidati con la ripetizione, perché evidentemente in molte circostanze nella nostra vita hanno funzionato, ci hanno tolto dai guai.

Non possiamo ridurre lo stress demonizzando le nostre reazioni
Se i nostri schemi sono così consolidati è perché ci siamo affidati a essi tante volte. Se ci accorgiamo che non funzionano sempre, possiamo creare nuovi percorsi.

Durante un ritiro cittadino di Meditazione Vipassana a Roma, presso l'Associazione per la Meditazione di Consapevolezza (A Me Co), l'insegnante di Dharma, Christina Feldman, paragonava i vecchi schemi a dei terreni ormai non più fertili, a delle gomme da masticare che con il tempo hanno perso il loro sapore, ma che noi continuiamo a masticare. Sembra una metafora perfetta.

Per smettere di alimentare e rinforzare certi schemi, è necessario conoscerli, entrarci in intimità al punto da vedere che forse non sono l'unica strada possibile, ma solo delle opzioni nello spettro di possibilità che ci si presenta davanti nello spazio di un momento. Potremmo vedere che certi terreni sono ormai aridi mentre altri sono più fertili. Quel momento, se colto, diventa un momento di libertà.

Victor Frankl, psichiatra scampato ai campi di concentramento (Ph.D., 2008), diceva: «Fra stimolo e risposta c'è uno spazio. In quello spazio risiede il potere di scegliere la nostra risposta. Nella risposta risiede la nostra libertà e la nostra crescita». Cogliere questo spazio di libertà è possibile se permettiamo a noi stessi di vedere la stessa situazione con occhi nuovi. Ed è proprio questo l'allenamento che stiamo facendo. Con la pratica, pian piano, possono consolidarsi percorsi non battuti, mentre i vecchi possono perdere la loro consistenza.

È importante ricordare che il cervello è plastico. Il nostro organismo è biologicamente disegnato per "fluire con la vita", per adattarsi con flessibilità alle richieste di cambiamento. Si tratta di un sistema, ossia un insieme di parti che lavorano insieme come i membri di un'orchestra, perché l'equilibrio possa tornare dopo una sollecitazione.

La capacità di mantenere la stabilità dei sistemi fisiologici attraverso il cambiamento, in risposta a richieste interne ed esterne, si chiama *allostasi*. Questo termine è stato coniato da Sterling ed Eyer nel 1988. Si tratta di un meccanismo di autoregolazione per mantenere l'equilibrio, essenziale per la vita. E l'adattamento è parte integrante del sistema perché in ogni momento di vita siamo esposti al cambiamento. Anche il corpo, come organismo vivo, è continuamente in trasformazione. Questo movimento per recuperare la stabilità, quindi, è insito nella vita.

Durante le nostre giornate può capitare che ci allontaniamo da quella stabilità anche in modo piuttosto rilevante; pensiamo, ad esempio, a un momento di stanchezza o a una discussione.

Accorgersi di questo attraverso l'ascolto del corpo può regalarci la possibilità di riavvicinarci all'equilibrio semplicemente riposandoci un po', se possibile, o magari uscendo a fare due passi, o parlando con un amico. Essere connessi all'esperienza del corpo significa essere connessi a ciò che sentiamo nell'unico momento di vita possibile: questo.

L'*allostasi* è un processo fluido, vivo, dinamico, coinvolto in tutti i sistemi dell'organismo nell'affrontare il cambiamento
Il termine *carico allostatico* fu introdotto per indicare il "prezzo" che l'organismo paga per adattarsi alla mutevolezza delle condizioni che attraversa. Questo prezzo può essere anche molto alto e l'organismo a volte lo paga attraverso l'insorgenza di patologie. Può capitare, ad esempio, quando le richieste aumentano, si ingrandiscono e, coinvolgendo più ambiti, fanno nascere altre richieste.

L'attivazione della risposta adattiva è punto cardine della nostra sopravvivenza. E siamo disegnati biologicamente per poterla gestire senza danneggiarci. Finché l'attivazione dell'organismo è subordinata alla presenza dello *stressor*, e si esaurisce nel tempo quando lo *stressor* si è allontanato, l'organismo è generalmente in grado di assorbirne gli effetti senza grosse conseguenze.

Nel mondo animale avviene proprio questo. Una gazzella attiva il suo meccanismo di risposta alla vista del leone. L'attivazione perdura e resta alla sua massima intensità durante l'inseguimento, per tutto il tempo in cui resta attiva la minaccia per la vita. Quell'attivazione del cervello è biologicamente disegnata per occuparsi dell'emergenza, per usare in modo ottimizzato le limitate risorse di cui dispone per fronteggiare la minaccia. In quei momenti, il sistema cardiovascolare è iperattivo per irrorare gli arti, sostenere la fuga o l'attacco, mentre altri sistemi non utili a risolvere l'emergenza, come l'apparato digerente o quello riproduttivo, vengono temporaneamente inibiti per risparmiare energia e dedicarla a difendere la vita.

In effetti la gazzella mentre è inseguita non ha bisogno di digerire o di potersi riprodurre. Quando il leone ormai è lontano, e la gazzella percepisce di essere al sicuro, lo stato di attivazione man mano diminuisce fino a cessare. La gazzella torna a mangiare o a dormire, esattamente come stava facendo prima di incontrare il leone. I suoi apparati recuperano l'equilibrio, tornano a funzionare normalmente fino alla minaccia successiva. La fase di *allarme* è finita. Il leone potrebbe tornare l'indomani e causare una nuova fase di allarme, ma fino a quel momento l'organismo rimarrà in equilibrio. Il libro di Robert M. Sapolsky (Sapolsky, 2018) fornisce tutte le informazioni per approfondire questo tema.

Negli umani, il sistema cerebrale che si occupa della sopravvivenza è fatto per attivarsi allo stesso modo e con le stesse conseguenze, anche se non si è in pericolo di vita. L'attivazione nasce anche se a essere in pericolo è l'immagine che abbiamo di noi stessi, nasce se ci sentiamo rifiutati, nasce se entriamo in contrasto con qualcuno. Il *bisogno sociale*, infatti, è da considerarsi un bisogno primario (Lieberman, 2013).
La rottura di qualcosa connesso a quel bisogno è letta internamente come un pericolo per la sopravvivenza. L'uomo è un animale sociale, l'esclusione è connessa atavicamente alla morte. Inoltre l'uomo è capace di creare nella mente scenari minacciosi. Non solo la minaccia effettiva, ma anche l'idea di una minaccia genera l'attivazione di questo sistema. Pensa a quando siamo molto preoccupati per qualcosa che potrebbe avvenire in

futuro (perdere il lavoro, perdere una persona cara, non passare un esame e tanto altro).

Noi umani abbiamo un'ampia gamma di *stressor* con cui confrontarci e la capacità di proiezione con cui generare scenari terrificanti non è il solo elemento di differenza rispetto all'organismo di una gazzella. Pensa a quando litighi pesantemente con un amico o un familiare. Una volta che la discussione è terminata, cosa succede in te? Torni a fare le tue cose esattamente come prima della lite? L'attivazione in poco tempo si sgonfia? Questo è possibile, ma forse poco probabile.
Ti capita di ripensare a ciò che vi siete detti, di arrabbiarti per ciò che ha affermato, per ciò che non avrebbe dovuto dirti, per ciò che tu avresti dovuto dire e non hai detto? Ti capita che quella rabbia si prolunghi per tanto tempo mentre il film di quello che ricordi essere accaduto va avanti con l'opzione di *repeat* (ricomincia, ricomincia, ricomincia)?

E cosa accade il giorno prima di un evento importante (un'interrogazione, un esame, una presentazione, un meeting, l'incontro con qualcuno)? Ti capita di preoccuparti compulsivamente per le cose che possono andare male? Ti capita di immaginare scenari di situazioni disastrose, senza soluzione?

Cosa accade alla tua attenzione in quel momento? Riesci a dedicarla pienamente a qualcosa che stai facendo? Riesci ad avere la lucidità per pianificare, prendere decisioni, riflettere? Credo proprio di no. In queste circostanze lo stato di attivazione dell'organismo è quello dell'emergenza. Tutte le risorse sono rivolte a fronteggiare lo *stressor*, anche nel caso in cui lo *stressor* sia solo un'idea o un ricordo. Quanto tempo passiamo in questo stato? E quanto siamo allenati a permanere nell'attivazione generando paure da paure, rabbia da rabbia?

A volte preoccupandoci di qualcosa abbiamo l'impressione di occuparcene di più e meglio, per questo tendiamo a continuare all'infinito
E l'attivazione resta pressoché costante, con ciò che ne comporta. Si chiama fase di *resistenza*. Hai idea di cosa significhi permanere in questo assetto dove alcuni apparati, come quello cardiovascolare, sono iperattivi, mentre altri, come quello digerente o quello riproduttivo, sono pressoché inibiti o

funzionano al minimo? Alla lunga si rischia un danno organico, per sovreccitazione o per inibizione. Senza generalizzare, molti dei disturbi della modernità sono ascrivibili a condizioni connesse allo stress.

Spesso non ci accorgiamo nemmeno del nostro livello di attivazione
Non è così facile essere svegli a questo tipo di esperienza se non ci alleniamo a "sentire il corpo nel corpo". Sentire questo fisicamente è molto prezioso perché ci dà l'opportunità di fermarci dove possibile per ristabilire l'equilibrio ed evitare quell'enorme dispendio di energia che la *fase di resistenza* comporta. Ci permette di prevenire quella che comunemente si chiama *fase di esaurimento*, quella cioè in cui l'organismo non è più in grado di rispondere alle richieste di adattamento perché ha esaurito l'energia.

Gli elementi chiave per riconoscere questa condizione sono presenti in noi
È necessario accedervi per comprendere quando fermarci, prenderci cura di noi, abbassare quell'intensità attraverso un

momento di riposo, dedicarci a qualcosa che ci piace, come una passeggiata, o qualunque cosa sia utile e possibile. Se non possiamo fermarci, forse ci è possibile almeno non rincarare la dose.

Gli esercizi proposti per questa settimana aiutano a familiarizzare con il nostro mondo interno, a riposo e anche nel pieno dell'attivazione. Aiutano a vedere di cosa è fatta una reazione e, attraverso questo, a non restare imbrigliati nei circoli viziosi che hanno il sapore dell'automatismo e dell'abitudine.

In quante occasioni durante la nostra giornata contribuiamo a creare o a mantenere uno stato di attivazione intensa?
Forse più spesso di quanto siamo disposti ad ammettere. Non è così? Tutto questo non è scritto nel destino. Si tratta di stati che, come tali, sono transitori. C'è molto che si può fare, in realtà. Già accorgerci che stiamo mettendo in atto questo meccanismo ci permette di portarvi la lente della consapevolezza, invece di restarne imbrigliati.

Senza nutrimento, una pianta lentamente si secca. Smettere di alimentare una reazione interna significa ridurne l'effetto fino a cessazione. Succede così con qualcosa di vivo che si sceglie di non nutrire.

E come si fa a smettere di alimentare una reazione interna?
Le si fa spazio. Prendiamo l'esempio di un bambino che urla o di un cane che abbaia. Se fossimo chiusi insieme a lui in un ascensore molto stretto, quelle urla sarebbero praticamente insopportabili, anche fisicamente, al punto che ci farebbero male i timpani. Mai provato? Se invece insieme al bambino urlante o al cane che abbaia ci trovassimo in uno spazio sconfinato, come una distesa verde o una spiaggia, senza niente intorno, quali potrebbero essere gli effetti di queste urla su di noi? Quale impatto fisico avrebbero? Forse non ci farebbero male i timpani.

L'esperienza in questi casi è esattamente la stessa, ciò che cambia è il contenitore. Più è ampio, più c'è spazio di manovra e meno sono potenti gli effetti distruttivi del contenuto. Più il contenitore è stretto, più è probabile che si riempia ed esploda. Con le pratiche suggerite, in particolare quelle di questo capitolo, coltiviamo una mente spaziosa per essere contenitori più grandi.

Quando lo spazio è ampio, cambia l'intensità e il sapore del contenuto. È proprio così, prova.

Una volta decisi di preparare una torta di riso, io che in cucina non avevo mai prodotto grandi risultati. Avevo tutti gli ingredienti, inoltre avevo visto una mia cara amica prepararla diverse volte. Ero sicura di riuscire perfettamente. Ho seguito tutte le fasi, mescolato il riso agli ingredienti e ho messo tutto in forno. Quando ho tirato fuori la torta e l'ho assaggiata, ho notato che era completamente insapore. Sentivo solo il riso. Gli altri ingredienti non si sentivano, ed erano tanti! Il risultato fu che l'unico ad apprezzare quella pietanza fu il mio cane.

La differenza tra la mia torta e quella della mia amica consisteva unicamente nel fatto che io avevo riempito di riso un contenitore molto più grande. Gli ingredienti a condimento erano gli stessi, ma nella mia torta il sapore non si sentiva. Funziona lo stesso anche in negativo. In un contenitore più grande qualcosa di amaro è meno amaro perché si mescola a tanto altro.

Diventare contenitori grandi è l'unico modo per vedere che, per quanto la reazione interna sia potente, questo momento offre anche molto altro, non necessariamente della stessa intensità, ma non meno ricco di valore o significato.

In uno spazio ristretto, piccoli contenuti di grande intensità diventano totalizzanti
Alcuni studi di neuroscienze hanno evidenziato il ruolo significativo della Mindfulness ad esempio nella riduzione dell'ansia. Uno in particolare (Zeidan F., 2013-2014) evidenzia che la Mindfulness attenua l'ansia attraverso un meccanismo coinvolto nella regolazione dei processi di pensiero auto-referenziale. Essere contenitori ci permette di decongestionarci per vedere più chiaramente.

Ciò non significa reprimere le emozioni o ingaggiare con esse una specie di braccio di ferro. Significa contenerle in qualcosa di più ampio, perché il loro sapore sia meno forte, restando connessi a ciò che sentiamo, agli effetti che la situazione che stiamo vivendo ha su di noi, riuscendo a vedere la gamma di possibilità per mettere in atto un comportamento adeguato, che non sia peggiorativo della situazione né distruttivo per noi o per le nostre relazioni interpersonali. Dove lo spazio è carente tutto questo non può avvenire. Dove lo spazio è carente c'è un'unica strada: un solco che percorriamo e ripercorriamo da sempre, che abbiamo confermato nel tempo con la ripetizione e sulla cui efficacia abbiamo implicitamente riposto fiducia cieca.

I "solchi" tracciati dagli schemi abituali sono utilizzati con più facilità dal cervello nel pieno di una reazione da stress
Sotto stress il cervello ha bisogno di dedicare le sue energie, potenti ma limitate, alla soluzione dell'emergenza. Tende quindi a risparmiare dove può. Si affida più facilmente alle risposte automatiche, che in termini energetici costano meno, consolidando attraverso ulteriori ripetizioni gli schemi mentali che le determinano.

In un'immagine che mi sembra molto eloquente, che puoi vedere qui sotto, ho tracciato sei fasi di una risposta automatica da stress.

L'esperienza di stress non è un blocco granitico. Qualcosa negli interstizi si può inserire a dilatarli, a fare luce dall'interno, perché in quello spazio possa risiedere davvero la libertà della nostra mente.

Per me questo fu un grande punto di svolta. Praticavo lo yoga da tempo; mi dava sollievo interrompere il mio lavoro frenetico e impegnativo con sessioni serali in cui mi sembrava di riconciliarmi con l'universo.
Allora lavoravo nel supporto tecnico destinato a clienti di tutto il mondo. Non avevo orari durante il giorno, viaggiavo praticamente

ovunque, perfino in Cina, ed ero coinvolta in turni di reperibilità per una settimana al mese 7x24. Mi avvicinai alla Mindfulness, come dico sempre scherzando, per dormire meglio e non uccidere nessuno.

Il potere trasformativo del protocollo MBSR l'ho sperimentato proprio attraverso la percezione di questo spazio che, senza cercare nulla, solo seguendo le istruzioni di pratica, stavo creando in me. In quello spazio c'era sì il mio lavoro stressante – che in una forma diversa, probabilmente più matura, svolgo anche ora – ma c'era anche tutto ciò che la mia mente aggiungeva a questa difficoltà in termini di giudizi, definizioni, anticipazioni e percezioni viziate dall'esperienza passata. Quello spazio mi ha offerto comprensione, autoironia e leggerezza, ingredienti che considero essenziali per la persona anche solo per cominciare ad affacciarsi al proprio panorama interiore.

Prova a metterti in gioco con piccoli stress quotidiani
Potresti provare a sentire cosa accade nel corpo in certi momenti, come il giorno prima di un esame o di una presentazione importante, i momenti che seguono una discussione con qualcuno,

i momenti in cui ti accorgi di avere delle piccole preoccupazioni. Cosa senti nel corpo? Riconosci sensazioni specifiche? Dove sono più evidenti?

Prova anche ad accorgerti dei pensieri che la mente produce mentre tutto questo accade. Che pensieri sono e che effetto hanno? Se puoi, resta qualche istante a dimorare nella consapevolezza di tutto questo, senza cercare nulla, senza aggiustare, solo conoscendo ciò che può essere conosciuto. Solo questo, per qualche istante.

Ti potrà capitare di accorgertene in ritardo, magari dopo aver agito mettendo in atto il solito schema. Non preoccuparti, va bene lo stesso. In quei momenti, continua ad appoggiarti al corpo, è un luogo solido in cui abitare. Le reazioni sono molto veloci, non è immediato cogliere il momento di innesco. Continua a provare. Non cercare di non provare quelle emozioni, semplicemente vedi se è possibile, in quel momento, fare loro un po' di spazio e lasciarle essere, senza portare subito un'azione.

Le emozioni durano pochi secondi; quando durano tanto, in

qualche modo un treno o una spirale di pensieri le sta alimentando

Prova a non alimentarle. Osserva i pensieri, riconoscili come pensieri, lasciali correre. Appoggiati al corpo, ti sosterrà.

Una delle paure più diffuse tra gli esseri umani è quella di parlare in pubblico

Alcune persone sono abituate e lo fanno senza grandi problemi. Per altri è molto difficile, per qualcuno addirittura impossibile. Ti è mai capitato di bloccarti, di esserti preparato benissimo e di ritrovarti nel buio totale, come se non sapessi nemmeno di cosa parlare? Forse non ci crederai, ma capita a molti. Matthew Lieberman dice qualcosa di interessante nel suo libro sull'intelligenza sociale (Lieberman, 2013). Sembra che la paura di parlare in pubblico sia atavicamente connessa alla paura del rifiuto che, come sappiamo, genera un'esperienza dolorosa comunemente nota come *dolore sociale*. Il *bisogno sociale* è da ricollocare alla base della piramide di Maslow, tra i bisogni primari. Originariamente era posto al terzo livello.

La paura di parlare in pubblico è ai vertici della classifica delle paure umane, insieme a quella di morire, di ammalarsi e di perdere una persona cara. Chi non sente questa paura è probabilmente abituato a integrare l'esperienza del parlare in pubblico praticamente nella quotidianità.

La cosa più dannosa che si fa in questi casi è sforzarsi di non avere paura. Lo sforzo per sua natura ha l'effetto di comprimere. In uno spazio angusto, quella paura diventa totalizzante e non lascia spazio di manovra. Sforzarsi di restare calmi non fa che aumentare l'attivazione e il messaggio interno, paradossalmente, è che la calma venga dal conflitto. Provare a farle spazio intorno vuol dire incuriosirsi, anche della paura, se questo è ciò che stiamo sentendo. Incuriosirsi di sentire di cosa è fatta quell'esperienza che chiamiamo paura. Avrà una sua manifestazione nel corpo, forse è alimentata dai pensieri. Conoscere, esplorare. La curiosità dello scienziato, dell'esploratore, è la qualità di base che si coltiva con la Mindfulness.

La rivista *Harvard Business Review* riporta un interessante studio (Gino, 2018) in cui emerge che la curiosità permette di vedere le situazioni difficili in modo più creativo. La curiosità è associata a reazioni da stress meno difensive e risposte meno aggressive alle provocazioni. La paura magari rimane, ma non è totalizzante. In un contenitore più ampio non può esplodere. Ciò che dovremmo fare, in questi casi, è proprio non sforzarci.

Nel parlare in pubblico può esserci la paura ma c'è anche altro; se non la chiudiamo nella morsa dello sforzo e del conflitto, possiamo accorgercene
Nella vita professionale mi è sempre capitato di parlare in pubblico. Al ricordo delle prime volte, però, ancora sorrido. Ero una perfezionista assoluta. Mi preparavo il discorso, parola per parola, poi uno schema, poi una mappa. Lo ripetevo a casa, battute comprese, cercando di apparire spontanea. Non ero mai soddisfatta.

Preparavo delle slide piene di informazioni perché tutti vedessero le mie competenze. Andavo in aula con il respiro corto e lo stomaco stretto. Sistemavo il computer, poi alzavo lo sguardo e lo dirigevo oltre la platea, proprio al centro della parete di fronte a me. Un saluto di circostanza a bassa voce e poi via. Batticuore, voglia di essere altrove, paura delle domande che mi avrebbero fatto. Così partiva la mia trattazione, lunga, dettagliata, ineccepibile. Era questo il mio ideale di perfezione.

Al termine, una domanda di circostanza: ci sono domande? Speravo che nessuno alzasse la mano. E infatti nessuno la alzava. Con un respiro avviato a tornare normale, mi sentivo salva e contenta della mia prestazione. Ogni volta li lasciavo tutti a bocca aperta, le domande non erano necessarie. La mia competenza non era mai in discussione. Quanto è utile secondo te imparare a parlare in pubblico in questo modo? A mio parere molto poco, e sono la persona interessata, quindi puoi credermi.

È stato proprio il percorso di pratica di consapevolezza ad aprirmi la strada a una prospettiva del tutto nuova. Non mi ero mai nemmeno chiesta perché presentassi quelle cose, né quali fossero le necessità dell'audience. Non avevo mai guardato nessuna delle persone che seguivano le mie presentazioni. Non avevo mai chiesto loro perché fossero lì. Per me erano dei giudici pronti a colpirmi al primo passo falso. Presentavo a me stessa, sotto i riflettori dell'inflessibile critico interno. Così tutto quel materiale, quel tempo, quell'energia e quella perfezione non servirono a nulla, né a me né a loro.

Pian piano ho cominciato ad accorgermi che ciò che mi motivava era dimostrare. Con il tempo ho cominciato a chiedermi: e se avessero veramente bisogno di queste lezioni? Cosa portano a casa dopo avermi sentito? L'esperta ero io, magari speravano di lavorare meglio dopo la mia lezione. Forse a loro non importava molto che io fossi brava in senso assoluto e speravano che potessi aiutarli a comprendere meglio certi concetti. Non volevo le domande perché tutto il mio discorso era preparato in anticipo e le domande avrebbero determinato un'imprevedibilità difficile da sostenere.

Quando questo mi è diventato chiaro, ho iniziato a mettermi in gioco in modo diverso, assumendomi anche dei piccoli rischi. Mentre preparavo la lezione, di lì in poi ho provato a comprendere il background e le necessità dell'audience (non è sempre possibile avere questa informazione ma è utile tenerne conto). Iniziai col creare un set minimo di slide per la parte essenziale, e le feci molto più chiare, semplici da comprendere e da ricordare. Ne preparai altre più specifiche di riserva (*backup*). Non trascurai l'approfondimento dei temi che dovevo trattare ma non scrissi il mio discorso, preparai solo la mappa.

Andai in aula e, prima di sistemare il computer, salutai tutti sorridendo, ringraziandoli di essere lì. Cominciai con una parte interattiva per saggiare le loro aspettative e necessità. Avevo una struttura di base per la lezione, ma diedi risalto agli argomenti in base alle domande e al dialogo. Avevo tutta la competenza per rendere la lezione flessibile, e lo feci. Non fu perfetta, ma le persone in aula non smettevano di fare domande. Erano interessate. Mi chiedevano materiale, spunti per l'approfondimento, qualcuno mi contattò giorni dopo la lezione per dirmi che stava usando ciò che aveva imparato da me.

Ho raccontato questa esperienza per mettere in luce le possibilità che abbiamo per integrare la paura di parlare in pubblico. C'è sempre qualcosa di più oltre a ciò che siamo disponibili a vedere. Nel fare spazio, offriamo a noi stessi la possibilità di prospettive diverse in modi che possano essere decisivi.

Insieme alla paura c'è la nostra intenzione di condividere, c'è la nostra preparazione, forse qualcuno a cui chiedere aiuto; cosa accade se proviamo a permettere a noi stessi di non conoscere una risposta? Possiamo parlare in pubblico lasciando che la paura ci sia, senza alimentarla; connessi all'esperienza di questa paura nel corpo senza affogare nei contenuti della mente.

Da questa balaustra solida, proviamo a riportare l'attenzione su quello che stiamo facendo e proviamo ad andare avanti. Com'è? Cosa c'è che possiamo conoscere? Ti invito a sperimentare, a esplorare, a familiarizzare con tutto questo. Si tratta della tua vita, non dimenticarlo.

Buona settimana di pratica.

RIEPILOGO DEL CAPITOLO 2:
1. Facciamo tipicamente dello stress un nemico da sconfiggere. In realtà lo *stress* è la risposta dell'organismo a uno *stressor*, cioè a un agente, interno o esterno, che genera una richiesta ambientale, reale o percepita. Lo stress è una risposta potente che sorge per essere adattiva, non distruttiva. Esiste per proteggere la nostra sopravvivenza, non per distruggerci.
2. Il modo in cui percepiamo qualcosa è strettamente connesso alla reazione interna e alla risposta comportamentale che metteremo in atto.
3. A volte preoccupandoci di qualcosa abbiamo l'impressione di occuparcene di più e meglio, per questo continuiamo.
4. In uno spazio ristretto, piccoli contenuti di grande intensità diventano totalizzanti.
5. Sforzarsi di restare calmi non fa che aumentare l'attivazione e il messaggio interno, paradossalmente, è che la calma venga dal conflitto. Provare a farle spazio intorno vuol dire incuriosirsi, anche della paura, se questo è ciò che stiamo sentendo. Puoi incuriosirti della tua paura?

PRATICHE ED ESERCIZI – SECONDA SETTIMANA

- Pratica seduta: *l'oceano della mente*. Nel paragrafo seguente sono dettagliate le istruzioni.
- *Creare una pausa*. Durante la giornata, quando suona il telefono o qualcuno richiede la tua attenzione, se ti è possibile, non rispondere in modo automatico seguendo l'impulso. Fermati qualche istante, giusto il tempo di un paio di respiri in presenza, con un'attenzione delicata e sollecita, e poi rispondi. Allenati a creare un piccolo spazio tra lo stimolo e la risposta. Puoi esercitarti con lo squillo del telefono e con i piccoli *stressor* della giornata. Chi non può permettersi di attendere due respiri prima di rispondere?
- *Scrivere, scrivere, scrivere*. «Ciò che mi dà gioia...» Per circa tre minuti al giorno, siediti con carta e penna e scrivi ininterrottamente provando a continuare la frase, senza pensarci, senza organizzare un discorso, senza dargli necessariamente un senso, scrivi e basta. Scrivi anche se non sai cosa scrivere. Non fermarti, non importa se le frasi non hanno un senso compiuto. Alla fine dell'esercizio rileggi e vedi se è ciò che avresti pensato o no. Vedi se da un giorno all'altro ti capita di scrivere le stesse cose o no.

- *Camminare.* Nei brevi tragitti a piedi, ad esempio quando vai a prendere l'auto o quando ti sposti da una stanza a un'altra in casa, prova a essere presente all'atto del camminare. Prova a sentire il corpo che si muove, il contatto dei piedi con il terreno, le posizioni di equilibrio che cambiano continuamente mentre cammini. Prova a camminare per camminare, prima ancora che camminare per raggiungere un luogo. Di solito usiamo le fasi di transizione da un luogo a un altro per affogare in qualche storia della mente. Proviamo invece a cogliere in questi momenti l'opportunità di sentire il corpo vivo che cammina.
- *Scegliere e assaporare.* Quando vai a mangiare, prova a essere presente a ciò che guida a tua scelta del cibo. Scegli per abitudine? Sei connesso alle necessità del corpo? Non c'è una risposta giusta, la preziosità è nel notare, riconoscere, perché offre una scelta. Prova, se ti è possibile, a selezionare in modo meno automatico quando vai a mangiare. Poi, per un piccolo pasto al giorno, che sia un frutto, un pezzo di pane, un biscotto o altro, prova ad assaporarne ogni minuscola parte. Mordi lentamente, sentendo ciò che accade in bocca a un primo contatto con il cibo. Mastica a lungo e lentamente restando

connesso alle sensazioni che emergono nella bocca e anche nello stomaco. Prova a sentire cosa ti piace di quel cibo, non lasciarti sfuggire nulla del suo sapore. Quando lo ingoi, seguine il percorso attraverso la gola, lungo l'esofago, finché lo percepisci. Resta qualche istante con queste sensazioni prima di mangiare altro o di tornare alle tue attività.

- *Diario di pratica.* Dopo il paragrafo dedicato alle istruzioni per la pratica, trovi un'area che puoi usare come diario delle scoperte e delle difficoltà.

L'OCEANO DELLA MENTE: ISTRUZIONI

Continua a dedicare quindici minuti della tua giornata alla pratica seduta. Trova un luogo che sia il più silenzioso possibile, confortevole, in cui tu possa essere solo. Spegni il telefono e, se possibile, renditi irreperibile per questi quindici minuti.

Siedi su una sedia comoda, le indicazioni per la posizione e gli occhi sono le stesse che hai seguito la scorsa settimana in *fluire con il respiro*. Puoi prenderti qualche istante per percepire la postura, lasciare che il corpo, attraverso micromovimenti di assestamento, trovi la posizione più stabile. Qualunque sia lo stato della mente, calma, agitata, indaffarata a pianificare, a costruire storie, prova a permetterle di radicarsi, di abitare il corpo. Senza forzature, solo permettendo, concedendoti il tempo necessario. Sapere di essere seduto, saperlo dal corpo, sentendone il peso, portando l'attenzione alle aree di contatto dei glutei con la seduta, dei piedi con il pavimento, delle mani appoggiate.

Essere presente alla vita del corpo, che si esprime momento per momento nel linguaggio delle sensazioni: pruriti, formicolii, sensazioni legate ai movimenti interni, alla temperatura, perfino sensazioni non disponibili alla percezione. Meglio che puoi, prova a essere presente all'universo delle sensazioni corporee, senza cercare né modificare nulla. Ricorda che anche l'assenza di sensazioni è una sensazione. Prova a riposare nella consapevolezza del corpo.

Nell'universo delle sensazioni, puoi riconoscere quelle del passaggio dell'aria durante l'inspirazione e l'espirazione. Per qualche istante, invita l'attenzione a raccogliersi intorno al respiro. Quando senti l'attenzione più stabile, lascia il respiro sullo sfondo del campo di consapevolezza e prova a portare la lente sul panorama mentale. La mente che osserva se stessa. Non c'è nulla che tu debba fare. Prova ad accorgerti se ci sono pensieri. Prova ad accorgertene senza alimentarli, senza costruirci sopra altre storie.

L'istruzione è essere svegli all'attività mentale, restare con l'attenzione sul processo del pensare. Se non vedi nulla, non preoccuparti. Non c'è nulla che tu debba vedere. I pensieri possono presentarsi in sequenza creando una storia, oppure in forma disconnessa, o a cascata. Prova a restare presente a questa attività. Se ti accorgi di essere affogato in una storia, nel momento in cui te ne accorgi, ne sei già uscito.

Mentre osservi l'oceano della tua mente, prova a riconoscere se qualche emozione ti sta attraversando e, se ti è possibile, lasciala essere, falle spazio. Se non senti emozioni va bene lo stesso, non c'è nulla da cercare. Prova solo a essere presente al loro sorgere. Così come i pensieri, le emozioni sono transitorie, hanno un loro sorgere, una loro durata e, se non sono alimentate, svaniscono. Sono onde che ci attraversano. Notare, fare spazio, lasciare essere.

Quando ti accorgi di esserti perso, puoi sempre riportare l'attenzione al respiro e poi pian piano provare a riaprirla al panorama della mente, gradualmente, come puoi. Se non ti senti a tuo agio con questa pratica, invece di smettere ripeti la *pratica fluire* con il respiro anche per questa settimana. Non si tratta di un percorso a livelli, ma di una coltivazione.

DIARIO DI PRATICA – SECONDA SETTIMANA

Ogni giorno puoi usare questo spazio per annotare brevemente le scoperte e le difficoltà incontrate nella pratica. Poche parole, non un discorso. Non sforzarti di trovare qualcosa da scrivere. Puoi anche non scrivere niente. Alla fine del programma potrai riguardare i diari settimanali, uno per ogni capitolo, e vedere cosa hai attraversato durante questo percorso.

GIORNO 1

....
....
....
....
....

GIORNO 2

....
....
....
....
....

GIORNO 3

....
....
....
....
....

GIORNO 4

....
....
....
....
....

GIORNO 5

....
....
....
....
....

GIORNO 6

....
....
....
....
....

GIORNO 7

....
....
....
....
....

Soluzione esercizio dei nove punti

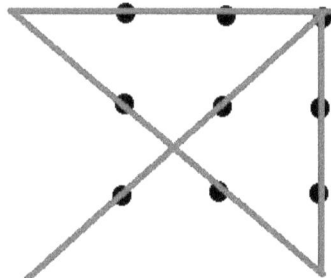

TESTIMONIANZE

Ecco alcune condivisioni di partecipanti raccolte durante i miei corsi e rilevanti per i temi del capitolo:

«Ho sempre avuto una gran paura dell'aereo. Per molto tempo mi sono rifiutata di partire per viaggi di lavoro all'estero. La scorsa settimana mi sono fatta coraggio e ho detto di sì. Ho preso l'aereo. Ho avuto paura praticamente per tutto il tempo e ho provato a fare la pratica, almeno per non alimentarla. Ho osservato il mio panorama mentale che creava scenari spaventosi e sentito la mia ansia manifestarsi fisicamente. Però ero lì, sull'aereo, non dentro a quegli scenari. C'era la paura in me, ma non faceva tanto rumore».

«Non so come spiegarlo. Nella vita ho preso sempre tutto a cazzotti o a martellate. Mi sto accorgendo di avere anche altri strumenti nella mia borsa. Strumenti che devo aver usato poco perché non ricordavo nemmeno di averli. Non ho solo il martello, mi sento rassicurato».

«Mi accorgo di soffrire quando ricado nei miei soliti modi di reagire. Quando qualcuno mi offende, mi chiudo in me stessa e non parlo più, non ci riesco. Però li vedo i miei schemi, mi accorgo che partono automaticamente. Sono veloci e potenti, ma li vedo».

«Ho notato che sotto stress, invece di prendermi cura di me, cerco di lavorare di più, dormo di meno, rinuncio alla palestra e mangio compulsivamente. Il mio livello di attivazione è alto, lo percepisco. Ora riconosco più facilmente la stanchezza, posso rivedere le priorità, concedermi un po' di riposo. Lo farò.».

Capitolo 3:
Come liberare la mente creativa

Gli altri hanno visto quello che c'è già e si sono chiesti perché.
Io ho visto ciò che potrebbe essere e mi sono chiesto perché no.
(Pablo Picasso)

Credo che il più grande ostacolo per una mente creativa sia la cristallizzazione. Una mente chiusa, rigida, incanalata nel binario della convinzione che esista un solo modo di realizzare le cose, non permette a se stessa di ampliare lo sguardo, di creare nuove associazioni, nuovi percorsi, nuovi modi di operare. Si muoverà sempre sul suo binario e, per andare dal punto A al punto B, percorrerà sempre la stessa strada. Quando avrà un punto C ignoto da raggiungere, cercherà probabilmente di avvicinarlo a B per poter percorrere la stessa strada.

La mente, però, lo abbiamo visto, prende forma dall'esperienza, si orienta con le abitudini, si consolida con le convinzioni.
Durante la nostra vita ci affidiamo a impalcature costruite attraverso l'educazione, le esperienze passate e il contesto

culturale in cui viviamo per massimizzare il piacere e ridurre i rischi per la sopravvivenza. È questo sottile movimento, che ha profonde radici nel nostro processo evolutivo, a motivare le nostre azioni.

In particolare siamo portati a considerare le condizioni di incertezza, gli ambiti non conosciuti, come delle minacce. La risposta abituale è l'urgenza di uscire da quella dimensione per tornare nel conosciuto. Permanere nel non conosciuto offre possibilità che, a causa dell'urgenza di uscirne, non permettiamo a noi stessi di cogliere.

Ed è il terreno più fertile per la creatività. Cercare di controllare gli eventi, "unire i puntini" per provare a predire il futuro, crearci delle aspettative, sono strategie con cui ci attrezziamo per affrontare la paura dell'incertezza.

Nel percepire l'incertezza come una minaccia, il nostro sistema di protezione si attiva per fronteggiarla
A questa attivazione, come dicevamo, fa seguito una visione a tunnel, in cui lo sguardo è ristretto, concentrato esclusivamente

sulla minaccia per meglio fronteggiarla. La visione a tunnel toglie possibilità alla mente creativa.

Abbiamo parlato di ostacoli alla creatività, ma come diventiamo creativi? Esiste una formula?
Non esistono formule ma, a pensarci bene, nemmeno servono. Questo perché la creatività è una capacità che la nostra mente già possiede. E la creatività non si esprime esclusivamente dipingendo quadri, scrivendo romanzi o componendo musica. Ci riferiamo anche, in senso più ampio, alla capacità di trovare strategie nuove, percorsi inesplorati per agire nelle situazioni in modo più efficace. Può essere creativo un insegnante, un allievo, un imprenditore, chiunque. A nessuno, da nessuna parte, è preclusa questa possibilità.

La creatività è l'ingrediente di base per qualunque processo innovativo. Pensaci, se non fossimo capaci di creatività, la nostra specie non si sarebbe mai evoluta. Non abbiamo artigli, né una mole gigantesca, né denti per aggredire; e non siamo abbastanza veloci per fuggire. Eppure siamo qui. I nostri passaggi evolutivi sono segnati dalle soluzioni adattive che abbiamo saputo trovare per procedere nel mondo. Per vedere quanto siamo creativi, ci basta guardare i bambini. Cosa ricordi di quei tempi? Come esprimevi la tua creatività da bambino?

Una cosa che mi colpisce dei bambini è il potere delle loro domande. Porre buone domande è più importante del cercare risposte. Ne è una prova evidente la storia della Polaroid, nata a seguito di una semplice domanda posta da una bambina a suo padre, il fisico Edwin Herbert Land: «Perché dobbiamo aspettare per avere la foto?»

I bambini fanno continuamente domande, sono curiosi, non hanno paura del modo in cui gli altri li considerano. Quando poi crescono, la curiosità lascia spesso lo spazio al desiderio di apparire sicuri e mostrarsi competenti, e alla paura di sbagliare. Pablo Picasso lo sottolinea esplicitamente: «Ogni bambino è un artista. Il problema è come rimanere artisti quando si cresce».

C'è uno studio molto interessante (George Land, 1992), supportato poi da lavori successivi, che dimostra quanto la nostra creatività sia innata e la si disimpari crescendo. Nel 1968, a

1.600 bambini di età compresa tra i quattro e i cinque anni è stato proposto il test con cui si misurava la creatività degli ingegneri della NASA. Il risultato fu incredibile: la percentuale associata alla capacità di produrre idee innovative nel campione analizzato fu il 98%. Gli scienziati ne fecero uno studio longitudinale, che si proponeva cioè di analizzare lo stesso campione dopo un certo tempo per osservare, ed eventualmente valutare, possibili variazioni nel risultato. Il test fu ripetuto quando i bambini avevano dieci anni. Il risultato fu il 30%. A quindici anni la percentuale era scesa addirittura al 12%. E non è finita qui! Il test fu poi somministrato a 280.000 adulti e il risultato fu un misero 2%.

Da questo studio, e da altri che lo hanno confermato, emerge che la creatività è una qualità innata dell'essere umano; qualcosa che esprimiamo liberamente da bambini e che perdiamo progressivamente durante la crescita. Le possibili spiegazioni sono diverse, ma molto viene attribuito ai sistemi educativi. Ciò che sembra verosimile è che, piuttosto che imparare a essere creativi, dobbiamo disimparare a non esserlo.

La creatività non può essere appresa attraverso lo studio. E non possiamo produrre un'idea creativa quando decidiamo di farlo. L'*insight* emerge dall'interno, non è costruito. La persona lo vede, non lo apprende dall'esterno, per quanto l'esterno possa averla ispirata, influenzata o condizionata. Dalle parole di Jiddu Krishnamurti (Krishnamurti, 2016): «Quel vuoto che è creatività non potete crearlo, è lì, viene nell'oscurità senza che possiate invitarlo. Solo in quello stato può esserci rinnovamento, novità, rivoluzione».

Nella pratica di consapevolezza, l'indicazione di base per non ostacolare il processo è lasciare che accada, permettergli di compiersi; non è ascrivibile alla dimensione del fare. Non si tratterebbe di agire, almeno in questa fase del processo, ma piuttosto di mollare la presa dalla regolarità dei nostri sentieri pre-tracciati, lasciandoci liberi per qualcos'altro che ancora non conosciamo.

Prima di tutto, concediti del tempo
La rivista *McKinsey Quarterly* (Derek Dean, 2011) pone l'accento sull'importanza del concedere al cervello del tempo per elaborare

gli input (fase identificata come *forget*); si tratta di un elemento critico dell'apprendimento e del pensiero creativo. A me sembra che molti di noi abbiano qualche resistenza a mettere in pratica questo suggerimento. La velocità, il sovraccarico di attività e l'ossessione per i risultati a breve termine di cui è intrisa la nostra cultura ci hanno fatto dimenticare l'importanza di questo tempo.

Io stessa per anni sono stata assuefatta all'iperattività. Quando ho compreso il valore di questa fase, mi sono riappropriata di una capacità che credevo di non avere. Producevo meglio, ero più creativa, più sveglia, ero anche più aperta a confrontarmi con posizioni differenti. Mi capita fin troppo spesso di vedere bambini passare da un impegno all'altro ogni giorno, accompagnati da un genitore, un nonno o una baby-sitter sfiancata ma motivata a contribuire perché il bimbo non perda nulla dello sport, delle lingue, dell'arte. E poi ci sono i compiti, anche nel week-end. Se avessero delle agende per gestire gli impegni, sembrerebbero proprio dei piccoli imprenditori. E, ogni volta che li vedo, mi chiedo: «Avranno del tempo per un po' di sana noia?»

Poter disporre di una parte della giornata senza avere impegni è vitale per lo sviluppo di una mente creativa. Mi ricordo che da bambina in quei momenti inventavo di tutto. Senza deciderlo prima, facevo associazioni mentali, legavo insieme cose apparentemente incompatibili, costruivo piccole storie. E poi mi divertivo con i miei amichetti a giocare con tutto, o anche solo a chiacchierare, tutti seduti per le scale del mio condominio

Da bambini come da adulti il *forget* dovrebbe essere considerato un sacro tempo di apprendimento, di elaborazione; non dovrebbe essere a discrezione dell'educatore, dell'insegnante o del datore di lavoro. Spesso poi, senza che nessuno lo imponga, noi stessi siamo portati a pensare che le giornate debbano essere riempite di attività perché la mente diventi più efficiente o si mantenga tale. Non amiamo "perdere tempo". Ed è proprio questo il punto: percepire la pausa come una perdita invece che come un'opportunità è parte integrante del problema. Riempire quegli spazi invece di abitarli è il primo segno di assenza di consapevolezza.

Con le dovute eccezioni, e senza generalizzare, credo che i nostri sistemi educativi siano rimasti molto indietro rispetto alle necessità imposte da questa epoca. Basandomi sull'esperienza diretta – confermata da testimonianze di persone di tutte le età che ho avuto la fortuna di conoscere – trovo che i nostri sistemi educativi siano volti a creare abili esecutori, buoni analisti, persone che sanno riflettere, costruire e scegliere le soluzioni giuste ai problemi. Purtroppo queste competenze, in passato sufficienti e molto richieste, oggi non bastano più. La società non sa che farsene di meri esecutori. Può disporre di potentissimi software, macchine e App che eseguono, analizzano e scelgono soluzioni in modi e tempi che non saranno mai possibili per l'essere umano.

Oggi molti dei problemi richiedono capacità creative, la persona non è chiamata a scegliere la strada giusta tra tante, è chiamata a crearne una nuova
In alcuni contesti è stato così sempre, oggi è così praticamente ovunque. Sistemi educativi che assumono l'esistenza di un solo modo di realizzare qualcosa, di risolvere un problema, e propongono al discente di impararlo, verificando che lo abbia capito e che sappia metterlo in atto, sono soddisfacenti per potenziare solo una parte delle capacità umane. La mente dispone

di due modalità di pensiero essenziali, entrambe indispensabili nel corso di qualunque processo che voglia definirsi innovativo: il *pensiero convergente* e il *pensiero divergente*.

Il *pensiero convergente* è associato a capacità di analisi, di scelta, di determinazione della soluzione migliore a un problema, sottintendendo che la soluzione esista già e sia necessario trovarla. Questa modalità sottende l'approccio cosiddetto verticale al problema. È determinante per l'innovazione: dopo che la mente ha prodotto idee creative, nella fase successiva all'*insight*, il *pensiero convergente* è necessario per discriminare, decidere, approfondire, progettare. Nella vita di oggi abbiamo molte opportunità per allenare e rafforzare il pensiero convergente. Questo però non basta.

Mi sembra – lo dico per esperienza personale e perché diverse persone hanno condiviso con me queste testimonianze – che, man mano che cresciamo, smettiamo di allenare il *pensiero divergente*, cioè quello che sottende la capacità di produrre idee a ruota libera intorno a un determinato problema, senza selezionarne nessuna, senza promuoverle o bocciarle, includendo anche le meno ragionevoli. È una modalità indispensabile quando la soluzione giusta non c'è, quando serve che nascano idee senza racchiuderle in una struttura limitante. E i bambini fanno proprio così. Senza questa componente, la mente perde la sua naturale capacità di essere creativa, può solo essere brava a risolvere problemi nell'ambito conosciuto.

Nella figura qui in basso ho scelto due immagini simboliche per rappresentare il *pensiero divergente* e quello *convergente*.

Photos courtesy of and copyright Free Range Stock, www.freerangestock.com

La buona notizia è che la mente può essere allenata a potenziare anche il *pensiero divergente*. Uno studio di qualche anno fa (Lorenza S. Colzato, 2012) è stato condotto per far luce su questo tema e ha trovato risposte interessanti, confermate da varie testimonianze, compresa la mia personale. È emerso in modo chiaro che l'allenamento della mente attraverso la pratica di consapevolezza cosiddetta *aperta*, o *senza scelta* – basata sulla completa ricettività della mente all'esperienza del momento, senza raccogliersi intorno a oggetti specifici di consapevolezza – promuove la capacità di *pensiero divergente*.

È proprio questa la pratica con cui lavoreremo per tutta la settimana; le istruzioni sono dettagliate, come sempre, nelle sezioni dedicate agli esercizi, in fondo al capitolo. Questa pratica è considerata un valido supporto alle capacità creative della mente. In qualunque momento della vita possiamo allenare l'attenzione nel modo descritto, sperimentandone gli effetti.

Mi è capitato di leggere di correlazioni negative tra Mindfulness e creatività. Le fonti che ho consultato per approfondire questo tema parlavano di Mindfulness riferendosi alla pratica di consapevolezza del respiro. Nei protocolli *Mindfulness-based* vengono proposte pratiche di diversi tipi, compresa quella di attenzione aperta o senza scelta, tutte egualmente funzionali a potenziare specifiche qualità della mente. Sulla creatività è particolarmente difficile trarre conclusioni, poco ancora si conosce. Gli studi citati (Lorenza S. Colzato, 2012), però, rappresentano un passo in avanti per fare chiarezza e sono un ottimo strumento di orientamento per le nostre scelte.

Amo scrivere, e nel tempo libero dedico uno spazio regolare alla scrittura creativa (racconti e romanzi). È qualcosa che mi diverte, amplia i confini della mente e mi stimola a guardare il mondo con occhio ancora più curioso e interessato. Con il mio taccuino sempre in tasca o in borsa, mi piace gustare dettagli di piccole conversazioni, modi di camminare, sguardi, colori, profumi. Prendo brevi appunti, mi lascio ispirare. E le storie prendono forma senza che io le costringa. Mi limito solo a strutturarle quando sono nate, e a mollare ciò che è superfluo, a liberarlo per riprenderlo forse alla prossima storia.

La pratica di attenzione aperta mi aiuta molto, mi supporta nel tenere tutto insieme, senza scegliere. Per scegliere c'è tempo.

Così mi limito a guardare il panorama, dove tutti i fenomeni che attraversano il campo di consapevolezza sono visibili e transitori, non c'è bisogno di afferrarli né di respingerli o modificarli. Si possono conoscere, in momenti senza urgenza in cui riposare nella consapevolezza.

Ho sperimentato diversi benefici nella quotidianità. Mi vengono molte idee che mi prendo il tempo di lasciar essere, senza forzare il processo, senza scegliere. L'allenamento a ricevere, a includere, senza afferrare né respingere, lasciando andare tutto ciò che emerge nel campo, è una vera ginnastica in grado di promuovere una maggiore chiarezza mentale oltre a una regolazione della reattività emotiva.

La creatività non è fatta solo di pensiero divergente
Sono molti i benefici attribuiti alla Mindfulness, uno che mi colpisce in particolare (Jonathan Greenberg, 2012) la correla positivamente a una riduzione della rigidità cognitiva. Si è osservata una riduzione dei condizionamenti mentali che portano a trascurare modi nuovi e adattivi di rispondere all'esperienza. Un altro studio (Baas M., 2014) evidenzia invece una correlazione

positiva tra la creatività e l'abilità di osservare ed essere presenti, allenata attraverso la Mindfulness.

Danny Penman ha scritto un libro che parla in modo specifico di Mindfulness e creatività (Penman, 2015) in cui delinea tre aspetti essenziali, funzionali alla creatività, su cui la Mindfulness può realmente fare la differenza. Uno è ovviamente il *pensiero divergente*. Penman aggiunge anche la capacità di riconoscere un'idea, di coglierne il significato. Senza questa capacità, rischiamo di non accorgerci delle buone idee che sorgono e di perderle.

La capacità della mente di osservare se stessa, come sappiamo, è allenabile attraverso la Mindfulness. Nel vedere tutto ciò che passa nel campo di consapevolezza, traendo spunto da questa conoscenza così ampia, la mente può riconoscere delle idee che può poi valere la pena curare meglio o approfondire.

La terza capacità essenziale indicata da Penman è la *resilienza*, che serve a difendere un'idea nuova anche quando non incontra il consenso degli altri. Certo, non tutte le idee meritano di essere portate avanti, ma c'è da considerare che le idee veramente nuove spesso non incontrano il consenso perché le persone non riescono a coglierne il valore, prese come sono dai propri punti di vista e dalle abitudini. Non tutti hanno la capacità di vedere più in là. Per non parlare poi del modo in cui noi stessi bocciamo sul nascere le nostre idee, magari per paura di essere rifiutati o derisi.

Nel processo creativo non esistono cattive idee
Spesso percepiamo le idee come buone o cattive in base a ciò a cui siamo abituati. È quindi essenziale che una mente creativa che voglia produrre qualcosa sappia gestire le esperienze di insuccesso, gli errori, il rifiuto, perché si tratta di esperienze inevitabili. Le scoperte nascono spesso da errori, in ambiti in cui non ci si sente capiti né guidati. Henry Ford diceva: «Se avessi chiesto alle persone cosa volevano, loro avrebbero detto cavalli più veloci». E James Joyce: «Gli errori di un uomo sono le sue porte verso la scoperta».

La pratica di consapevolezza orienta la mente verso l'accettazione dell'errore e delle difficoltà, come punto di partenza per tentare di nuovo o per scegliere una differente strategia. Non esiste alcun processo creativo senza errori o senza insuccessi.

Dice Antoine de Saint-Exupéry (Saint-Exupéry, 2017): «Creare forse significa sbagliare quel passo nella danza. Significa dare di traverso quel colpo di scalpello nella pietra. Poco importa il fine di un'azione. Questo sforzo ti sembra sterile perché sei cieco e guardi troppo da vicino. Ma allontanati un po'. Da lontano vedi solo il fervore che genera delle opere, vedi la città venire su, non vedi più i colpi falliti e tutti i problemi che accompagnano la realizzazione dell'idea».

Per una mente non resiliente, un insuccesso diventa l'inizio di una catena di esperienze fallimentari, dirette da definizioni di noi stessi che prendono forma dal modo in cui internamente ci spieghiamo la situazione. La Mindfulness si occupa in modo efficace di promuovere la disidentificazione della persona dai contenuti dei pensieri (noi non siamo i nostri pensieri, né le nostre definizioni). Inoltre l'attenzione tiene connessa la persona alla sua dimensione corporea, sede dell'elaborazione diretta delle emozioni.

Con la pratica, la persona apprende da una prospettiva puramente esperienziale a non identificarsi con la narrazione auto-referenziale dell'esperienza e a restare connessa con la manifestazione fisica dell'emozione in modo da non alimentare stati mentali negativi.

Un famoso studio dell'Università di Toronto (Rimma Teper, 2013) correla la Mindfulness alla capacità di regolazione emotiva. La pratica della consapevolezza, con la sua capacità inclusiva e l'attitudine di volgersi in modo accogliente all'esperienza del momento, allena l'individuo a riconoscere i propri stati emotivi dagli indizi che sorgono nel corpo al loro manifestarsi, e a scegliere di non alimentarli con la ruminazione. Le reazioni e le risposte comportamentali ne risultano contenute in intensità e impatto.

Un momento di insuccesso o i modi che spesso usiamo per darci addosso possono generare stati mentali-emotivi difficili. È rassicurante sapere che possiamo prendercene cura. Il coraggio di andare avanti non è qualcosa di cui necessariamente si dispone in qualunque momento, dipende dai molti fattori che hanno contribuito a creare l'identità della persona, forgiata dall'educazione e dalle esperienze vissute.

Il lavoro per mitigare gli ostacoli alla creatività presenta diverse sfaccettature. Ciò che impedisce la creatività, e in particolare il *decision-making* creativo, non è solo il modo in cui ci fanno studiare. Ci sono altri fattori che entrano in gioco e che non possono non essere considerati. Come molti altri fenomeni, ci è solitamente più facile riconoscerli negli altri che in noi stessi.

Voglio introdurli citando Francis Bacon (Sutherland, 2010): «L'intelletto umano, una volta che ha adottato un'opinione, fa in modo che tutto il resto venga a supportarla e a concordare con essa. E, anche se si trovano esempi più numerosi e consistenti che vanno in senso contrario, tuttavia o li trascura e li disprezza, oppure, sulla base di una qualche distinzione, li accantona e li respinge affinché, per effetto di questa grave e perniciosa predeterminazione, l'autorevolezza della sua precedente conclusione possa rimanere inviolata».

Ti sembra familiare? Ti ricorda qualcosa? Si chiama *confirmation*

BIAS (BIAS di conferma) la tendenza a vedere nelle cose solo ciò che vogliamo vedere, cioè a favorire le evidenze che confermano le nostre credenze e convinzioni trascurando quelle che le contraddicono. Ti è mai capitato di innamorarti della tua posizione al punto da avere occhi solo per ciò che la conferma? Questo è solo uno dei numerosissimi BIAS cognitivi, i vizi di interpretazione della realtà che portano a errori di valutazione.

È interessante l'articolo pubblicato dal Neuroleadership Institute (Matthew D. Lieberman, 2014) che parla di come classificare gli oltre 150 BIAS cognitivi in poche categorie. Spiega anche la loro natura e l'importanza di riconoscerli per poterli mitigare dove possibile. Le conseguenze disastrose dei BIAS cognitivi sulla nostra capacità di vedere la realtà sembrano abbastanza evidenti. La buona o cattiva notizia, dipende dai punti di vista, è che nessun essere umano è esente da BIAS cognitivi.
Essi sono infatti legati al modo in cui ci muoviamo nel mondo, cercando di massimizzare il piacere e minimizzare il dolore.

Nell'articolo emerge che le conferme dei nostri modelli e, più in generale, il credere di avere ragione attivino nel cervello il cosiddetto *sistema di ricompensa* o *sistema di conseguimento*, mentre l'essere in errore è percepito come qualcosa di internamente doloroso e attiva il sistema deputato alla difesa per la sopravvivenza.

Prendendo ancora in esame il *confirmation BIAS,* a titolo di esempio, come facciamo ad accorgerci che siamo condizionati mentre osserviamo qualcosa? Intervenendo nelle percezioni, i BIAS non sono facilmente riconoscibili. Come faccio a capire che sto vedendo solo ciò che voglio vedere? Come posso accorgermi di ciò che non vedo se non lo vedo? Sono tutte domande legittime. Inoltre lo studio, l'esperienza e l'intelligenza non rendono le persone immuni ai BIAS.

È di vitale importanza la fase di accettazione, cioè aprirsi alla possibilità che si sia condizionati da BIAS. Spesso crediamo che a noi non capiti. Se invece ci apriamo autenticamente a questa possibilità, possiamo fermarci qualche istante a chiederci se stiamo vedendo tutto, restando connessi al nostro stato interno. Una mente presente è in grado di cogliere quel piccolo, atavico dolore che sorge a seguito dell'errore, e la piacevole sensazione che si prova nel vedere il proprio modello confermato. L'articolo sottolinea che, come esseri umani, siamo l'unica specie che nel movimento di vita per massimizzare il piacere e minimizzare il dolore è capace di permanere in uno stato di "minaccia" e rimandare la ricompensa. Questa è la chiave di tutto, e la posta in gioco è alta.

Buona settimana di pratica.

RIEPILOGO DEL CAPITOLO 3:

- La creatività è una qualità innata dell'essere umano, qualcosa che esprimiamo liberamente da bambini e che perdiamo progressivamente durante la crescita. Più che coltivare la creatività, ha senso focalizzarsi sul "disimparare a essere non creativi".
- Concedere al cervello del tempo per elaborare gli input (fase di *forget*) è un elemento critico dell'apprendimento e del pensiero creativo.
- La mente può essere allenata a potenziare il pensiero divergente, ingrediente essenziale per la creatività. Tipicamente, senza generalizzazioni, siamo molto portati a uno sbilanciamento in favore della modalità di pensiero *convergente*, che generalmente alleniamo di più.
- Le qualità di regolazione emotiva riconosciute alla Mindfulness aiutano la persona ad attraversare gli inevitabili errori senza identificarsi con le emozioni difficili che sono in grado di generare.

PRATICHE ED ESERCIZI – TERZA SETTIMANA

- Pratica seduta: *un cielo sconfinato*. Nel paragrafo seguente sono dettagliate le istruzioni.
- *Ampliare lo sguardo*. Ogni tanto, durante la tua giornata, fai caso a cosa stai guardando. Prenditi qualche istante per mettere a fuoco i dettagli, i colori, la forma dell'oggetto che hai davanti a te. Poi, prova ad ampliare lo sguardo includendo tutto ciò che puoi includere, in altezza, larghezza e profondità, senza muovere la testa. Ad esempio, se sei davanti alla finestra, puoi mettere a fuoco un albero e poi ampliare lo sguardo fin dove arriva, in tutte le direzioni. Lascia che gli occhi ricevano tutto: le forme, i colori, ma anche lo spazio tra gli oggetti, lo spazio che li contiene. Bastano pochi istanti.
- *Disegnare, mappare.* Se puoi ogni giorno, altrimenti all'inizio e alla fine di questa settimana, prova a prenderti qualche istante per centrarti, per sintonizzarti con il tuo panorama interiore. Poi, su un foglio, prova a tracciare una mappa mentale (se non conosci le mappe puoi fare semplicemente un piccolo disegno) che rappresenti con delle immagini e qualche parola (non frasi o discorsi) la tua mente, i contenuti, le idee, i pensieri lo stato d'animo, qualunque cosa ci sia al momento.

Non pensarci troppo, non cercare di fare bene, disegna assolutamente come viene, non è importante che siano bei disegni, possono anche essere simboli, cose che capisci solo tu. Servono pochi minuti e non è necessario saper disegnare. Se puoi, usa più colori. Il cervello li ama.

- *Camminare.* Nei brevi tragitti a piedi, ad esempio quando vai a prendere l'auto o quando ti sposti da una stanza a un'altra in casa, prova a essere presente all'atto del camminare. Prova a sentire il corpo che si muove, il contatto dei piedi con il terreno, le posizioni di equilibrio che cambiano continuamente mentre cammini. Prova a camminare per camminare, prima ancora che camminare per raggiungere un luogo. Di solito usiamo le fasi di transizione da un luogo a un altro per affogare in qualche storia della mente. Proviamo invece a cogliere in questi momenti l'opportunità di sentire il corpo vivo che cammina.

- *Onorare le pause.* Durante la giornata, soprattutto se studi o lavori molto, se devi creare qualcosa o prendere decisioni, è necessaria una pausa ogni tanto. Non un momento di stasi per arrovellarti su ciò che dovrai fare o che hai fatto, ma un periodo di tempo in cui lasci che le informazioni che hai acquisito si combinino, che vengano elaborate dalla tua mente in modo spontaneo. Non devi fare nulla, ma di quel tempo hai assoluto bisogno. Ti consiglio una passeggiata all'aria aperta, o di dedicarti a un tuo hobby. Lascia che la mente si "diverta" un po'. Quel tempo, vedrai, ti verrà ripagato.

- *Diario di pratica.* Dopo il paragrafo dedicato alle istruzioni per la pratica, trovi un'area che puoi usare come diario delle scoperte e delle difficoltà.

UN CIELO SCONFINATO: ISTRUZIONI

Continua a dedicare quindici minuti della tua giornata alla pratica seduta. Trova un luogo che sia più silenzioso possibile, confortevole, in cui tu possa essere solo. Spegni il telefono e se possibile renditi irreperibile per questi quindici minuti.

Siedi su una sedia comoda, le indicazioni per la posizione e gli occhi sono le stesse che hai seguito finora. Ogni volta che inizi una pratica seduta, prenditi qualche istante per percepire la postura, lasciare che il corpo, attraverso micromovimenti di assestamento, trovi la posizione più stabile.

Concediti del tempo, qualunque sia lo stato della mente, calma, agitata, indaffarata a pianificare, a costruire storie, invita gentilmente l'attenzione a radicarsi, ad abitare il corpo, rinnovando l'intenzione di essere presente alla vita di questo momento, con tutto ciò che offre. Il corpo è sempre nel presente, ed è vivo, si prende cura di sé, respira, si ossigena, lascia andare il superfluo, si trasforma.

Per qualche istante, meglio che puoi, prova a riposare nella consapevolezza del respiro. Concediti del tempo solo per arrivare qui. Invita l'attenzione a raccogliersi nella parte del corpo in cui le sensazioni del passaggio dell'aria sono più evidenti. Prova a dimorare in questo spazio di ascolto, lasciando il respiro al suo ritmo naturale.

Quando te la senti, permetti all'attenzione di ampliarsi, provando a includere l'esperienza del momento nella sua interezza. Appoggiato al respiro, come a una balaustra, prova ad aprirti al panorama del momento, senza scegliere un oggetto di attenzione. A differenza delle pratiche precedenti, in cui sceglievamo un oggetto a cui prestare attenzione (il respiro, le sensazioni corporee, i pensieri, le emozioni) qui proviamo a includere tutto ciò che attraversa il campo di consapevolezza: sensazioni corporee, suoni, pensieri, emozioni.

Prova a permettere a tutto ciò semplicemente di essere qui, senza afferrare nulla, senza cercare di respingere nulla. Includere tutto, mollando la presa, lasciandolo essere. Se può aiutarti, il campo di consapevolezza può essere visto come il cielo. Qualcosa di libero, sconfinato. Tutto ciò che noti, le sensazioni, i suoni, i pensieri, le emozioni, sono come dei fenomeni atmosferici.

I pensieri, ad esempio, ma non solo, sono come nuvole, alcune bianche, quasi trasparenti, altre scure, grandi e minacciose. Il cielo sconfinato include tutto, lo lascia essere. Come le nuvole, i fenomeni sono transitori, puoi osservarne il sorgere, il perdurare e lo svanire, mentre il cielo resta, contiene tutto. Le nuvole, così come la pioggia, la nebbia e qualunque altra condizione atmosferica, non sono il cielo. Il cielo è più grande di qualunque fenomeno atmosferico si verifichi al suo interno.

Prova meglio che puoi a riconoscere quanto è ricco ogni momento, dimorando nella consapevolezza dell'intera esperienza che si dispiega a ogni istante. Se ti accorgi di esserti perso, torna al respiro, appoggiati a questa balaustra che è sempre con te e, appena te la senti, prova ad ampliare di nuovo l'attenzione all'intera gamma dell'esperienza, momento per momento, notando, includendo, senza afferrare né respingere nulla.

DIARIO DI PRATICA – TERZA SETTIMANA

Ogni giorno puoi usare questo spazio per annotare brevemente le scoperte e le difficoltà incontrate nella pratica. Poche parole, non un discorso. Non sforzarti di trovare qualcosa da scrivere. Puoi anche non scrivere niente. Alla fine del programma potrai riguardare i diari settimanali, uno per ogni capitolo, e vedere cosa hai attraversato durante questo percorso.

GIORNO 1
....
....
....
....
....

GIORNO 2
....
....
....
....
....

GIORNO 3

....
....
....
....
....

GIORNO 4

....
....
....
....
....

GIORNO 5

....
....
....
....
....

GIORNO 6

....
....
....
....
....

GIORNO 7

....
....
....
....
....

TESTIMONIANZE

Ecco alcune condivisioni di partecipanti raccolte durante i miei corsi e rilevanti per i temi del capitolo:

«È stato abbastanza difficile per me all'inizio. Se mi avessero chiesto se sono creativa avrei risposto con un "no" secco. Poi ho smesso di chiedermi se sono creativa e cominciato a lavorare con me stessa. Attenzione, ho detto "lavorare con me" e non "su di me". Il momento in cui ho creato qualcosa coincide con il momento in cui ho deciso che non potevo impormelo».

«La pratica di consapevolezza aperta è per me un supporto quotidiano. Sarà la mia pratica di base dopo il corso. Mi sono venute tante di quelle idee che ho dovuto comprare tre taccuini. E poi mi sento più serena».

«Da quando ho deciso di concedermi il tempo di *forget* e onorare le pause, invece di produrre di meno nella giornata, mi sono ritrovata a produrre di più e meglio. Prima riempivo tutti gli spazi della mia mente. Ora mi piace abitarci. Era tanto faticoso».

«È cambiata la mia prospettiva sugli errori. Ne ero terrorizzata e avevo paura di ricevere feedback negativi. Mi sento più libera di sperimentare adesso. Ed è anche più divertente».

«L'esercizio della mappa/disegno l'ho trovato illuminante. Davvero illuminante. All'inizio avevo deciso di farlo giusto una volta per provare, perché non so disegnare e mi sembrava difficile. Invece ora lo faccio spesso. Ho imparato cose su di me e ho dato forma a delle idee. Nell'usare i colori mi sono divertita, mi sembrava di essere tornata bambina».

«Ho smesso di prendermi troppo sul serio. La leggerezza è un'ottima ispirazione per la creatività. Per me questo è il dono più grande della pratica».

Capitolo 4:
Come cooperare per l'eccellenza

Nella lunga storia del genere umano hanno prevalso coloro che hanno imparato a collaborare e a improvvisare con più efficacia.
(Charles Darwin)

La tecnologia moderna, pur esponendoci a molte contraddizioni – alcune delle quali capaci di danneggiarci, se non vi poniamo attenzione – ci regala delle opportunità che non hanno precedenti. È vero che in Internet, quando cerchiamo delle informazioni, troviamo molta spazzatura; ma se affiniamo l'arte di cercare, esistono siti di grande valore che possono aiutarci molto, dove si esprimono persone appassionate e competenti con cui può essere davvero interessante confrontarsi.

Abbiamo accesso a qualunque luogo del mondo, possiamo attraversare limiti geografici e culturali, essere parte di comunità che si evolvono attraverso il confronto su temi specifici. Sempre usando le dovute precauzioni e il caro vecchio buonsenso, oggi è davvero facile collaborare e ricevere collaborazione, essere di ispirazione e farsi ispirare da altri. Questo scambio regala una pluralità di prospettive preziose per cogliere aspetti diversi di una stessa situazione e vederla con occhi nuovi.

Nelle aziende multinazionali capita sempre più frequentemente di lavorare in team globali dove, ad esempio, le persone sono distribuite su più continenti. Situazioni di questo tipo, anche se non semplici da gestire, offrono spunti di grande valore per la cooperazione. C'è da sottolineare che qualunque collaborazione – in casa, in un ufficio, in una comunità multiculturale – non realizza pienamente le potenzialità di un'intelligenza di gruppo se la mente delle persone non è coltivata per l'ascolto pieno, per la disponibilità autentica e per la comunicazione consapevole. Starai sicuramente pensando che è ovvio.

Sapresti definire l'ascolto pieno, la disponibilità autentica e la comunicazione consapevole?
Vorrei che ci riflettessi un attimo: senti di disporre di queste qualità? Qualche volta, se ti è capitato di collaborare con altri per un progetto, piccolo o grande, ti sei accorto di momenti in cui una di queste qualità è venuta a mancare? Che conseguenze ha avuto

sul gruppo e sulla collaborazione? Una cosa che sembra certa è che, praticamente, tutti noi ci crediamo ottimi ascoltatori. Allo stesso tempo, tutti noi conosciamo qualcuno che di sicuro non è un ottimo ascoltatore. Sembra paradossale, non è vero? È il chiaro segnale di una limitata capacità delle persone di essere consapevoli della qualità dell'ascolto che offrono ad altri. Siamo invece tutti capaci di valutare questa capacità nelle altre persone.

Ti è mai capitato di trovarti di fronte a qualcuno, una persona cara, un amico, o perfino un estraneo, e sentirti profondamente ascoltato? Come ci si sente quando qualcuno è qui per noi, ad ascoltarci con gentilezza, disponibilità, curiosità, senza farci pressione, senza completare le nostre frasi, senza interrompere? È difficile spiegarlo, ma quella sensazione forse la conosciamo tutti. Una mente che ascolta in questo modo è una mente che incontra l'universo dell'altra persona senza condizionamenti, senza pregiudizi, che si apre allo sconfinato dominio di possibilità che quella conversazione può offrire.

Per scegliere e selezionare c'è tempo e, in una certa fase della collaborazione, sarà necessario per convergere in una soluzione;

ma se tutto questo avviene prima di un momento di apertura totale, sarà inevitabile perdere delle opportunità, magari irripetibili.

Comprendere quanti condizionamenti invisibili possono "inquinare" il modo in cui ascoltiamo gli altri ci aiuta a fare dell'ascolto una vera e propria pratica di consapevolezza
Uno dei condizionamenti più forti nelle relazioni di collaborazione è dato dagli *in-group* e *out-group BIAS*, che portano la persona a essere più disponibile, a considerare più credibili le posizioni assunte da persone della sua cerchia e meno quelle di persone "esterne".

La cerchia di una persona è individuata, non consapevolmente, a seconda delle situazioni. Può essere il suo team, la sua famiglia, il suo paese, perfino il gruppo di tifosi della sua stessa squadra o la comunità di simpatizzanti della sua stessa parte politica. Questi BIAS condizionano pesantemente ogni collaborazione e, a livelli estremi, generano nelle comunità odio razziale o conflitti.

Un altro grande condizionamento è dato dal *confirmation BIAS* di cui abbiamo parlato nel capitolo precedente. Ha effetti disastrosi sul confronto fra esseri umani. Limita molto l'ascolto perché conduce la persona a selezionare solo i contenuti che confermano le sue convinzioni, le sue idee, trascurando completamente le altre posizioni. Questo fenomeno impedisce la vera espressione dell'eccellenza di gruppo perché le voci riconosciute importanti sono solo quelle di chi è d'accordo con noi, e le altre diventano eccezioni da trascurare.

In realtà è molto più utile un piccolo dettaglio in grado di disconfermare la nostra convinzione rispetto a una grande quantità di informazioni che la confermano. Eppure sembriamo proprio non rendercene conto.

È sorprendente quanto siamo bravi a trovare conferme, perfino *a posteriori*
Nicholas Tassim Taleb (Taleb, 2014) ci dice che la nostra mente è una magnifica *macchina da spiegazione* in grado di trovare un senso pressoché a qualunque cosa, formulando giustificazioni per ogni fenomeno, non potendo accettare l'idea dell'imprevedibilità. Anche a seguito di fatti assolutamente inspiegabili, soprattutto le

persone considerate più intelligenti sono in grado di produrre delle spiegazioni ineccepibili, prive di contraddizioni, per dare un senso all'accaduto.

Incorriamo facilmente nell'errore di *conferma*, cioè cerchiamo casi a supporto della nostra convinzione, o della nostra ipotesi (Charles G. Lord, 1979), e ovviamente li troviamo. In tutto questo movimento, ci perdiamo nell'illusoria convinzione che il mondo si muova coerentemente con ciò che sappiamo e perdiamo la capacità di vedere chiaramente.

Ho trovato davvero sorprendente uno studio degli anni Settanta (Charles G. Lord, 1979) effettuato presso la Stanford University, che ha dimostrato come, sulla base di uno stesso volume di dati, persone, o gruppi di persone, con posizioni nettamente opposte sull'argomento a cui i dati si riferiscono riescano a trovare nel volume di dati le conferme alle proprie posizioni.

Non è paradossale? Eppure accade proprio questo. Per entrare nel merito dei fatti, a due gruppi di studenti con posizioni diametralmente opposte circa l'efficacia della pena di morte sono stati mostrati gli stessi dati e ciascun gruppo ne ha colto delle conferme alla propria posizione. Mostrare gli stessi dati a fazioni contrapposte, invece di restringere la divergenza, sembra incrementare la polarizzazione. Il tutto a scapito della collaborazione e della vera comprensione della realtà.

Come mitigare tutto questo?
Uno studio riportato dalla rivista *Harvard Business Review* (Gino, 2018) mostra che la curiosità ha l'effetto di limitare gli errori nel *decision-making*, perché spinge la persona a esplorare le possibilità senza cadere vittima del *confirmation BIAS* e senza *stereotipare* le persone. Da questa ricerca emerge anche che la curiosità ha l'effetto di ridurre i conflitti di gruppo in quanto incoraggia i membri a mettersi nei panni degli altri e a interessarsi alle loro idee. E anche la condivisione delle informazioni risulta più aperta, cosa che ha un forte impatto sulla qualità della comunicazione e della produzione.

La pluralità offre delle opportunità straordinarie per ampliare le prospettive, per evitare errori evitabili e per acquisire informazioni più oggettive.

Cosa ci impedisce di esplorare posizioni diverse dalle nostre?
Se una persona parla e tutti sono sempre d'accordo, o se tiene in considerazione solo chi si esprime in suo favore, è come se operasse da sola. Si innamora delle proprie posizioni e il suo scopo non è più quello di farle evolvere in qualcosa di utile, interessante, bello, o innovativo. Secondo il generale George S. Patton: «Se tutti pensano allo stesso modo, allora qualcuno non sta pensando».

Non è vero secondo te? Non vale forse di più un'informazione anche piccola che non confermi le nostre convinzioni di tante che la confermano? Difendere le proprie idee è necessario, ma facciamo attenzione a riconoscere quando questo atteggiamento si trasforma in attaccamento cieco.

Ci piacciono le nostre idee perché sono buone, originali, o perché sono nostre?
Cosa sentiamo internamente quando qualcuno solleva obiezioni o ci consegna un feedback negativo? Cosa viene colpito, l'idea o noi? Spesso le obiezioni vengono percepite come attacchi personali e la risposta di attivazione fa seguito alla percezione di

una minaccia. Con la visione a tunnel tipica di questo stato, la chiarezza viene meno e alla nostra attenzione possono sfuggire dettagli determinanti.

Senza saperlo, rinunciamo ad avvalerci delle enormi potenzialità della collaborazione e il tutto si riduce a un desiderio irrefrenabile di prevalere; ci lanciamo su obiettivi personali dimenticando quelli di gruppo e la competizione si sostituisce alla collaborazione. In un gruppo dove sussistono sbilanciamenti di questo tipo, generalmente le personalità capaci di imporsi dettano idee, strategie e soluzioni a tutti gli altri.

Fortunatamente questa non è una caratteristica intrinseca dei gruppi. È, al contrario, una condizione creata ogni volta dal modo in cui le persone entrano in relazione l'una con l'altra. Ed è soprattutto una condizione che la persona può scegliere di non creare. Ma per compiere questa scelta, deve accorgersi di ciò che sta accadendo ed essere consapevole dell'esperienza in tutto ciò che la compone.

Il libro di Corrado Pensa (Pensa, 2002) chiarisce bene il

significato del vero ascolto. Se ascoltiamo qualcuno in modo diverso da come forse siamo abituati – cioè non perché ci sentiamo in dovere o per vedere dove vuole arrivare, ma con attenzione gratuita, che non sia al servizio di un compito – possiamo aprirci completamente all'altra persona, e questo produrrà un effetto di unificazione e pacificazione. Non mi sembra ci sia nulla di più vero.

Cosa può opporsi al vero ascolto dell'altra persona?
Il primo ostacolo che mi viene in mente, quello forse più evidente, è fare altre cose mentre si ascolta qualcuno. Controllare lo smartphone, leggere documenti, parlare contemporaneamente con qualcun altro, ascoltare quello che dice la persona all'altro tavolo, sono tutti grandi ostacoli all'ascolto. Significa che stiamo dedicando un'attenzione oscillante, frazionata, non unificata, come invece il vero ascolto richiede.

Questo accade piuttosto spesso, basta guardare le persone sedute insieme a cena per cogliere la qualità dell'attenzione che i commensali si offrono reciprocamente.
Nella tua esperienza è mai successo qualcosa del genere? Eri

l'ascoltatore o la persona che parlava? Come ti sei sentito?

In ogni momento siamo in grado di cogliere la qualità dell'attenzione che stiamo offrendo. Già solo questo momento di consapevolezza avrà degli effetti, cambierà qualcosa. Che succede se, mentre siamo con una persona, cogliamo l'impulso di fare altro e decidiamo di non rispondere a quell'impulso? Che succede se rimandiamo quell'azione a un momento successivo? Cosa perdiamo se ci concediamo un momento di libertà da questo automatismo?
L'altra persona si accorgerà che siamo più attenti; come esseri umani abbiamo dei ricettori molto sensibili per capire in che modo le persone interagiscono con noi.

Un altro possibile ostacolo all'ascolto dipende dalle distrazioni interne che scaturiscono da ricordi o proiezioni, specie se hanno una certa intensità emotiva. Dedicare attenzione a qualcuno mentre si è preoccupati per qualcosa, o si ha in mente un pensiero fisso, è difficile.

Secondo te i buoni ascoltatori sono caratterizzati da assenza

di distrazioni emotive?

Io credo di no, o non sarebbero umani. Può capitare di volere ascoltare qualcuno pienamente e di incorrere comunque in queste distrazioni. La reazione probabilmente più diffusa è quella di entrare in conflitto con la distrazione imponendosi di essere attenti a qualunque costo a ciò che la persona sta dicendo. Questo non può che peggiorare le cose. La distrazione diventa il nemico da abbattere e, di conseguenza, l'attenzione ci resta incollata sopra. Chi distoglierebbe l'attenzione da un nemico da abbattere? Di sicuro non il nostro cervello.

Se invece riusciamo a fare spazio a ciò che sta accadendo, compresa la distrazione, ne diminuiremo l'impatto. Vivremo momenti più intensi, altri meno intensi, altri in cui sentiremo che il fenomeno è passato; poi magari si ripresenterà successivamente, come un'onda che ci attraversa. Se permettiamo al nostro stato emotivo di coesistere con il resto dell'esperienza provando ogni volta, con gentilezza e determinazione, meglio che possiamo, a riportare l'attenzione sulla persona che parla, questo può fare una grande differenza. Non si tratta di coltivare un'attenzione esclusiva ma inclusiva che, di volta in volta, sceglie di tornare all'oggetto scelto – in questo caso a ciò che la persona sta dicendo.

Si tratta di un ribaltamento di prospettiva sul significato dell'ascolto, per poterne disporre in un modo meno dipendente dalle condizioni che attraversiamo
È ovvio che, se accade qualcosa di realmente pericoloso mentre ascoltiamo una persona, non sarebbe certo saggio non considerarla una priorità e mettersi in salvo. Se mentre ascolti qualcuno senti suonare la sirena antincendio, è il caso di accorrere per vedere se si è generata una situazione di pericolo. La pratica di consapevolezza serve a stabilizzare la mente, a liberarla dai condizionamenti, non a renderla ingenua o indifferente agli stimoli reali di pericolo.

C'è anche un terzo ostacolo all'ascolto, invisibile quanto devastante, di cui vorrei parlarti. Ascoltare qualcuno dedicandogli completamente la nostra attenzione basta a fare di noi dei buoni ascoltatori? Direi proprio di no, e te lo dimostro.

Se dedico un'attenzione completa a qualcuno che mi parla e che conosco già come uno stupido, un logorroico o un genio,

con chi sono realmente in relazione? Sto incontrando il suo universo di quel momento o sto parlando con lo stupido, il logorroico o il genio che ho in mente?
Generalmente e inconsapevolmente preferiamo mantenere la relazione con i modelli sbiaditi, bidimensionali e incompleti che abbiamo delle persone intorno a noi piuttosto che con le persone stesse. Non dico che non dovremmo usare la conoscenza pregressa, perché quella serve a evitare errori già commessi in passato e ci aiuta a scegliere come comportarci e a progredire nella relazione. Se però la conoscenza pregressa ci preclude l'ascolto, diventa un ostacolo enorme per la comunicazione.

Quando la mente si cristallizza su modelli creati attraverso conoscenze passate, inibisce la sua capacità inclusiva, la sua naturale curiosità, e si riduce a essere uno strumento per cercare conferme. È la tipica situazione in cui ascoltiamo per vedere dove la persona andrà a parare.

Esiste un momento per scegliere, per selezionare e per usare le nostre conoscenze pregresse, ma esiste un momento che li precede tutti, in cui è necessario che l'attenzione sia piena, gratuita, rivolta alla persona, non alla categoria. C'è bisogno di un'attenzione mossa dalla curiosità, dal desiderio di conoscere e non di ricevere conferme.

Notare il modo in cui descriviamo a noi stessi questa persona, riconoscere la qualità dell'attenzione che le stiamo dedicando, è parte integrante di quell'ascolto pieno che abbiamo introdotto all'inizio del capitolo. Quando sono in meeting con persone per cui nutro una qualche antipatia, ne approfitto per affinare lo sguardo e chiedermi: sto ascoltando loro o ciò che so già di loro?

Sto cercando qualcosa? Chi ho davanti, una serie di aggettivi, l'istanza di un modello o una persona viva?
Le cose che sottilmente racconto a me stessa della persona, la tendenza a ritagliare i suoi contenuti per adattarli a ciò che so, rimangono ostacoli finché non li noto. E in quel riconoscere torna l'ascolto pieno. Le persone sono universi; incontrate in diversi momenti di vita o in differenti contesti, possono essere anche molto diverse da come le abbiamo conosciute. Possiamo dare almeno ad alcune di loro la possibilità di non confermare i nostri modelli?

Non resta che provare, magari iniziando con relazioni non troppo problematiche. A fine capitolo troverai indicazioni per allenare la consapevolezza nelle relazioni interpersonali.

Parlavamo all'inizio di ascolto pieno, di disponibilità autentica e di comunicazione consapevole. Come abbiamo potuto vedere, nell'ascolto pieno è naturalmente insita una disponibilità autentica, senza la quale mancherebbe l'apertura e la curiosità di trovarsi in presenza di qualcuno.

La comunicazione consapevole è un altro aspetto essenziale della collaborazione e, più in generale, delle relazioni
Chi pratica l'ascolto consapevole vede già cambiare radicalmente il suo modo di comunicare. Questo perché ciò che trasmettiamo non può essere considerato disgiunto da ciò che riceviamo e dal modo in cui lo riceviamo.

Oltre a un ascolto carente offerto all'interlocutore, cosa rende difficile una conversazione?
Ci sono molti libri in commercio che parlano di comunicazione. Quello che reputo il più interessante (Stone, 2010) illustra con

chiarezza le tre componenti di una conversazione difficile.

La prima componente è legata ai fatti intercorsi durante la conversazione difficile. La seconda riguarda ciò che abbiamo sentito internamente durante la conversazione, le emozioni, gli stati mentali che sono sorti nell'interazione. La terza riguarda l'*identità*, e cioè cosa tutto questo dice di noi, se in qualche modo ci definisce (sono un incompetente, sono un fallito ecc.).

La terza componente è forse meno facile da individuare ma è presente in ogni conversazione difficile. A me sembra che sia proprio questa componente a fare di un'interazione una conversazione difficile. Sei d'accordo? Può essere istruttivo rifletterci per conoscere qualcosa in più di noi e del modo in cui interagiamo con gli altri.

Ci sono modi possibili per prevenire conversazioni difficili
L'ascolto consapevole è il presupposto perché la comunicazione non sia veicolata da rigidità e conflitti e non si trovi a degenerare in qualcosa di difficile da gestire. In una conversazione difficile ciascuno ha un ruolo e contribuisce, probabilmente in misura

diversa, alla difficoltà della situazione. Anche il modo in cui riceviamo le parole che ci vengono dette contribuisce all'esito della conversazione.

Ricordiamo sempre che, proprio come esistono per noi, le tre componenti esistono anche per l'altra persona, magari con contenuti diversi. Provare a metterci dei panni dell'altro ed esplorarle è un buon esercizio per ridimensionare la nostra visione ego-centrata della situazione e ridurre l'intensità della reazione.

Esistono dei modi più specifici che permettono alla mente di non gettare le basi del conflitto fin dall'inizio
Prendiamo ad esempio le comunicazioni elettroniche, come le email e i messaggi testuali. Quanti equivoci nascono, quante liti si innescano a causa delle comunicazioni via email? Ti è mai capitato di dire che di una certa email non ti è piaciuto il tono? E ti è mai capitato che qualcuno lo dicesse a te? Da cosa è dato il "tono di un'email"? Parliamo di punteggiatura? Di eccessiva brevità? O di cos'altro?

È un problema non indifferente quello della comunicazione

elettronica, sia quando riceviamo, sia quando inviamo messaggi. Nel leggerli, vediamo una serie di frasi, della punteggiatura e poco altro. Così, ad esempio, una frase come "ho deciso che faremo così" può produrre vari effetti, perché evidentemente la comunicazione è incompleta. Non abbiamo la persona di fronte a noi che, mentre lo dice, può sorridere, o assumere un'espressione autoritaria, o scusarsi con noi perché deve fare qualcosa di urgente e poi ci spiegherà.

Soli, davanti a quelle frasi, con le parole scritte che costituiscono una piccola parte della comunicazione, siamo noi a completare il quadro aggiungendo ciò che manca. Inconsapevolmente uniamo i puntini, diamo alla persona un'espressione, le attribuiamo un'intenzione specifica e completiamo la comunicazione. Ciò che aggiungiamo solitamente ha il colore del nostro stato d'animo. Se leggiamo quell'email in un momento di gioia, probabilmente creeremo una storia diversa da quella che creeremmo se, ad esempio, fossimo arrabbiati.

In ogni caso, con modalità strettamente dipendenti dalle condizioni in cui si trova la nostra mente, su quelle parole costruiamo uno scenario di comunicazione completa. Ed è sull'onda di questa costruzione che magari rispondiamo, ci arrabbiamo, ci offendiamo, sorridiamo. Capisci quanti rischi di fraintendimento si corrono?

La mente unisce i puntini, completa l'informazione perché abbia un senso e sia collocabile in una categoria conosciuta. E così, partendo da poche parole, creiamo un mondo, qualcosa capace di influire, a volte anche molto pesantemente, sulla relazione che abbiamo con l'altra persona. Sapevi che può esserci tutto questo nel semplice atto di leggere un'email?

Come comportarci nell'atto di scrivere un'email?
Proprio perché abbiamo visto come funzioniamo, quando scriviamo un'email non dobbiamo dimenticare che qualcuno la leggerà senza avere noi di fronte, senza poter sentire il nostro tono di voce, senza poter vedere l'espressione del viso. Sappiamo che qualunque affermazione, o domanda, o battuta che può lasciare spazio a fraintendimenti, probabilmente genererà una storia non troppo felice su quella comunicazione. Se non siamo sicuri di ciò che stiamo esprimendo e di come lo stiamo esprimendo, se siamo

in un momento di agitazione o non abbiamo un bellissimo rapporto con quella persona, aspettiamo a inviare l'email.

Ovunque troviamo scritto questo saggio consiglio: lasciare l'email in bozza e tornarci sopra più tardi. È un suggerimento che condivido e che applico nella mia esperienza. Lo trovo utilissimo. Spesso ci si pente di non aver scritto una parola in più o in meno. Ad una persona che abbiamo di fronte possiamo sorridere o strizzare l'occhio per prevenire fraintendimenti; per email non è possibile, a meno di usare qualche emoticon.

Com'è la tua comunicazione via email o, più in generale, elettronica? In questo mondo superconnesso, immagino che sia molto intensa. In quanti equivoci ti sei trovato, quanti chiarimenti sono stati necessari per risolvere i fraintendimenti? Anche questo esercizio è un'ottima pratica di consapevolezza, consigliatissimo a chiunque faccia un uso massiccio di tecnologia per le sue comunicazioni.

Con le dovute eccezioni, che mi fanno sentire molto grata, ho notato che, nell'immaginario collettivo, il genio, a scuola o all'università, così come nel lavoro, è identificato da un'alta istruzione, ottimi voti, un titolo di studio considerato difficile da conseguire, grandi competenze tecniche e spiccate capacità analitiche. Oppure è identificato da grandi capacità artistiche.

Ho visto poche persone essere riconosciute geniali per il modo in cui si comportano e per le loro capacità sociali, eppure non è difficile comprendere quanto queste qualità contino
Dalle neuroscienze sappiamo anche che i cosiddetti *social skill* si possono coltivare, sviluppare, allenare, attraverso un training mentale. Sappiamo inoltre che queste competenze non si apprendono attraverso lo studio, né si possono acquisire dall'esterno come gli *skill tecnici*. Fanno infatti riferimento ad aree del cervello diverse.

Non ci sorprende sapere che, senza generalizzare, alcune persone estremamente dotate di abilità cognitive sul piano analitico, logico, con grandi *skill tecnici* e grande esperienza nel proprio ambito di applicazione, siano profondamente carenti in termini di abilità sociali. A mio avviso, un'intelligenza geniale integra questi due aspetti esprimendosi al massimo delle sue potenzialità.

Abbiamo tutti gli strumenti per comprenderlo e per occuparcene. Durante questa settimana ci eserciteremo anche con le abilità sociali, facendo ciò che facciamo abitualmente, ma in modo diverso. E la differenza si vedrà.

Per l'individuo l'importanza della socialità è vitale
Matthew Lieberman (Lieberman, 2013) chiarisce che il nostro *bisogno sociale* è da considerarsi primario come il cibo e la sicurezza, contrariamente a quanto precedentemente rappresentato nella piramide di Maslow. Questo bisogno è talmente rilevante che il cosiddetto *dolore sociale*, che scaturisce dalla rottura reale o percepita di un legame sociale, dalla percezione di non essere visti o riconosciuti, o dall'essere rifiutati, ha molto in comune con il dolore fisico in termini di attivazione di aree cerebrali. Si tratta di un'esperienza di cui prenderci cura, qualcosa che ha radici nel nostro processo evolutivo, nonostante venga spesso etichettata come un dolore inferiore, o addirittura irreale, se paragonato a quello fisico.

Voglio concludere il capitolo dedicandoti queste meravigliose parole di Carl Rogers (Rogers, 1983): «Una delle esperienze più gratificanti che io conosca sorge dall'apprezzare un individuo nello stesso modo in cui si apprezza un tramonto. Le persone sono altrettanto meravigliose quanto i tramonti se io le lascio essere ciò che sono. In realtà la ragione per cui forse possiamo veramente apprezzare un tramonto è che non possiamo controllarlo. Quando osservo un tramonto non mi capita di dire: "Addolcire un po' l'arancione sull'angolo destro, mettere un po' di rosso porpora alla base e usare tinte più rosa per il colore delle nuvole". Non lo faccio. Non tento di controllare un tramonto. Ammiro con soggezione il suo dispiegarsi».

Buona settimana di pratica.

RIEPILOGO DEL CAPITOLO 4:
1. L'ascolto pieno è una pratica di consapevolezza. Esistono tre ostacoli che possono impedirlo: il multitasking, la distrazione emotiva e il relazionarci con il modello che abbiamo costruito della persona che ci parla invece che con la persona stessa.
2. La collaborazione nei gruppi è veicolo di eccellenza ma è minata da *in-group* e *out-group BIAS* (si è più disponibili e aperti verso le persone della propria cerchia, più ostili e chiusi al di fuori). Coltivare la curiosità per ciò che percepiamo diverso, estraneo, è l'antidoto a questa chiusura.
3. Il *confirmation BIAS* impedisce di prendere in considerazione posizioni contrarie alle nostre in favore di ciò che le conferma. In questo modo ci rendiamo inconsapevolmente miopi e agiamo, rispondiamo e decidiamo avvalendoci di una visione estremamente limitata della realtà.
4. Le conversazioni difficili hanno una componente di *identità* determinante per l'esito dell'interazione e per il nostro stato emotivo. Invito a domandarci: cosa dice di me questa conversazione?

PRATICHE ED ESERCIZI – QUARTA SETTIMANA

- Pratica seduta: alterna la pratica *un cielo sconfinato*, con cui ti sei cimentato la settimana scorsa, con la pratica *i suoni della vita*, dettagliata nel paragrafo seguente. Ogni giorno, scegli una di queste due pratiche, possibilmente facendone un giorno una, un giorno l'altra.
- *Ascoltare*. In certi momenti, se magari un collega o un familiare viene a parlarti, prova a smettere di fare ciò che stavi facendo, lascia da parte il computer, lo smartphone e tutto il resto. Meglio che puoi, prova a dedicare un'attenzione totale alla persona che hai di fronte. Resta in ascolto senza interrompere, senza completare le sue frasi, senza guardare l'orologio. Guardala, prova a esserci pienamente, a incontrare l'universo che questa persona è e che si sta manifestando a te. Se l'attenzione fugge via, quando te ne accorgi torna gentilmente su questa persona. Prova a coltivare un'attenzione curiosa, qualunque sia la tua opinione. Magari hai conosciuto qualcosa di lei in passato, ma ora, se non ascolti, incontrerai solo il tuo modello. Non unire i puntini, ascolta semplicemente. Non ti è richiesto di approvare ciò che dice o di darle ragione, solo di essere presente a ciò che esprime per il tempo di qualche minuto.

- *Comunicare.* Quando parli con qualcuno, prova a essere connesso con il tuo stato interno e con la tua intenzione. Non gettare via le parole come se non fossero importanti; possono unire ma anche creare delle fratture insanabili. Possono isolare, ferire, perfino distruggere. Se senti che i toni si alzano, non tentare di soffocare la reazione. Prova a prenderti uno spazio anche minimo di ascolto interno, prima di rispondere agli impulsi. Ricordati che nelle conversazioni difficili c'è sempre la componente dell'*identità*, non lasciare che ti guidi nella comunicazione.
- *Scrivere email/messaggi.* Quando scrivi un'email o un messaggio testuale, non dimenticare mai che sarà una persona a riceverlo. Qualcuno siederà di fronte al tuo testo senza vedere la tua espressione e proverà a capire ciò che dici. Completerà il quadro, perché così fa la mente. Così fai anche tu, così facciamo tutti. Se le parole non sono gentili, prenditi del tempo, sceglile meglio, non accendere micce per distrazione o per reattività. Aspetta qualche minuto prima di inviare.
- *Camminare.* Nei brevi tragitti a piedi, ad esempio quando vai a prendere l'auto o quando ti sposti da una stanza a un'altra in

casa, prova a essere presente all'atto del camminare. Prova a sentire il corpo che si muove, il contatto dei piedi con il terreno, le posizioni di equilibrio che cambiano continuamente mentre cammini. Prova a camminare per camminare, prima ancora che camminare per raggiungere un luogo. Di solito usiamo le fasi di transizione da un luogo a un altro per affogare in qualche storia della mente. Proviamo invece a cogliere, in questi momenti, l'opportunità di sentire il corpo vivo che cammina.

- *Diario di pratica.* Dopo il paragrafo dedicato alle istruzioni per la pratica, trovi un'area che puoi usare come diario delle scoperte e delle difficoltà.

I SUONI DELLA VITA: ISTRUZIONI

Anche a questa pratica seduta dedica quindici minuti della tua giornata. Trova un luogo che sia confortevole, in cui tu possa essere solo. Spegni il telefono e, se possibile, renditi irreperibile per questi quindici minuti.

Siedi su una sedia comoda, le indicazioni per la posizione e gli occhi sono le stesse che hai seguito finora. Puoi prenderti qualche istante per percepire la postura, lasciare che il corpo, attraverso micromovimenti di assestamento, trovi la posizione più stabile. Qualunque sia lo stato della mente, calma, agitata, indaffarata a pianificare, a costruire storie, prova a permetterle di radicarsi, di abitare il corpo; senza forzature, solo permettendo, concedendoti il tempo necessario.

Meglio che puoi, prova a essere presente alla vita del corpo, che si esprime momento per momento nel linguaggio delle sensazioni, senza cercare né modificare nulla. Prova a dimorare nella consapevolezza del corpo.

Quando te la senti, invita l'attenzione a raccogliersi intorno all'area delle orecchie. Meglio che puoi, apriti all'universo dei suoni in cui sei immerso: i suoni all'interno della stanza, quelli più lontani che giungono da fuori, così come i suoni interni al tuo corpo vivo. Senza provare a descriverli, senza incasellarli in una qualche categoria (clacson di un'auto, bambino che piange, uccellino che cinguetta) prova semplicemente a riceverli, lascia che le loro caratteristiche – il timbro, l'intensità, la durata – arrivino a te.

Prova a conoscere i suoni attraverso un contatto diretto, usali come veicolo per tornare qui ogni volta che l'attenzione se ne va. Non cercarli, sii semplicemente presente al loro sorgere, perdurare e svanire, come ogni altro fenomeno. Prova a notare gli spazi di silenzio tra un suono e l'altro. Si può essere presenti anche all'assenza di suoni. Ogni suono nasce dal silenzio e nel silenzio svanisce. Non c'è nulla che tu debba far succedere, l'invito è ad essere presente, usando l'ancora del suono per dimorare nel momento.

Ogni volta che ti accorgi di esserti distratto sei già tornato qui, altrimenti non potresti accorgertene. Lascia che i suoni ti conducano qui, momento per momento. Ricominciare sempre, un momento alla volta, questa è l'essenza della pratica.

DIARIO DI PRATICA – QUARTA SETTIMANA

Ogni giorno puoi usare questo spazio per annotare brevemente le scoperte e le difficoltà incontrate nella pratica. Poche parole, non un discorso. Non sforzarti di trovare qualcosa da scrivere. Puoi anche non scrivere niente. Alla fine del programma potrai riguardare i diari settimanali, uno per ogni capitolo, e vedere cosa hai attraversato durante questo percorso.

GIORNO 1

....
....
....
....
....

GIORNO 2

....
....
....
....
....

GIORNO 3

....
....
....
....
....

GIORNO 4

....
....
....
....
....

GIORNO 5

....
....
....
....
....

GIORNO 6

....
....
....
....
....

GIORNO 7

....
....
....
....
....

TESTIMONIANZE

Ecco alcune condivisioni di partecipanti raccolte durante i miei corsi e rilevanti per i temi del capitolo:

«La pratica dell'ascolto consapevole mi ha svelato un mondo. Sono un coach e l'ascolto è uno dei capisaldi della mia professione. Eppure con questa pratica ho potuto vedere quanto sia debole la mia capacità di offrire me stesso. Formulo le domande nella mia mente poco prima che la persona finisca, come se sapessi già cosa chiedere. La prima volta che me ne sono accorto mi sono giudicato, poi ho visto che notare questo mi aveva già riconnesso alla persona. Ora comincio a sentirmi più in sintonia con chi ho di fronte e per il mio lavoro e questo è straordinario».

«Io e mio marito ci stiamo separando. Ogni volta che mi parla vedo di fronte a me la persona che mi ha tradito. Anche quando ha provato a collaborare perché la separazione non fosse traumatica, almeno da un punto di vista economico, non vedevo altro. Lo vedo ancora così quando lo incontro, però vedo anche ciò che aggiungo, ad esempio che quasi mi indigna notare aspetti di lui che non corrispondono a quello che so. Non so voi, ma io questa cosa la trovo enorme».

«Qualche giorno fa una collega mi ha fatto un appunto su un errore che avevo commesso. Lo ha detto davanti a tutti. Io non ho risposto, ma la rabbia mi divorava lo stomaco. Mi sono sentita un'incapace. Mi sono anche accorta che me lo dico spesso. Come un disco rotto. Non lo avevo mai notato».

«Ho praticato l'ascolto consapevole con i miei alunni a scuola. Non è una classe facile. Non so dire in che modo, ma le nostre conversazioni ora sono più pacate. Come se loro si sentissero compresi. Sentono questa differenza, non gliel'ho spiegata».

Capitolo 5:
Come coltivare una mente geniale

Viviamo nell'epoca del simultaneo, nell'epoca della giustapposizione, nell'epoca del vicino e del lontano, del fianco a fianco, del disperso. Viviamo in un momento in cui il mondo si sperimenta, credo, più che come un grande percorso che si sviluppa nel tempo, come un reticolo che incrocia dei punti e che intreccia la sua matassa.
Michel Foucault (Foucault, 1994)

Il filosofo neuroeconomista Matteo Motterlini (Motterlini, 2008) dice ironicamente che la nostra società, con i suoi modelli economici, ci inquadra come individui simili al dottor Spock. Forse ricorderai il famoso personaggio della serie televisiva *Star Trek*: totalmente razionale, dotato di straordinarie capacità analitiche, perfettamente capace di capire qualunque situazione e prendere decisioni indipendentemente dalle condizioni, anche in difficoltà estreme.

Le principali teorie economiche vengono espresse e diffuse per essere utilizzate da persone simili al dottor Spock. Ciò che Motterlini sottolinea è che noi siamo più simili a Charlie Brown che al dottor Spock. Le nostre emozioni hanno un ruolo critico: intervengono in ogni cosa che facciamo e nel modo in cui agiamo nelle situazioni. Se le teorie economiche – e aggiungerei anche i processi educativi, i percorsi di formazione e tanto altro – non tengono conto delle nostre reali qualità umane, non potranno mai funzionare quando le situazioni diventano richiedenti e complesse. Essere più simili a Charlie Brown che al dottor Spock è un vantaggio, non un deficit, se comprendiamo il vero valore del nostro corredo emotivo e il ruolo che assume anche nei processi comunemente attribuiti alla sola sfera razionale.

Antonio Damasio, una delle figure più autorevoli nell'ambito delle neuroscienze (Damasio, 1995), ha lavorato con suoi pazienti conducendo studi estremamente rilevanti per stabilire il ruolo delle emozioni all'interno dei processi razionali. I risultati raggiunti hanno completamente sovvertito alcune delle assunzioni tradizionali fondate sulla separazione tra i processi razionali e le emozioni. Il titolo del suo libro più famoso, *L'errore di Cartesio*, si riferisce proprio a un cambio di prospettiva rispetto al modello cartesiano di mente e corpo.

Ciò che è emerso da dati concreti è che l'ipotesi di una razionalità non influenzata dalle emozioni non può esistere nella realtà degli esseri umani. L'affermazione di una dimensione cognitiva delle emozioni, ampiamente dimostrata da casi clinici ben dettagliati, costituisce l'aspetto centrale di tutto il lungo lavoro di Antonio Damasio.

Ha osservato che pazienti che avevano ricevuto danni cerebrali in corrispondenza della regione ventro-mediale della corteccia prefrontale avevano conservato pressoché intatte molte delle funzioni cognitive, ma avevano completamente cambiato personalità, al punto da lasciare sgomente le persone che li conoscevano, lavoravano o vivevano con loro. Alcuni di essi, conosciuti come lavoratori coscienziosi, affidabili e gentili, non sono più riusciti a mantenere un posto di lavoro. E non avevano subìto alcun danno alla sfera intellettiva. In tutti questi casi risultò completamente compromessa la capacità di prendere decisioni appropriate nelle situazioni che coinvolgevano la sfera comportamentale e sociale.

Queste persone conoscevano le emozioni, ma non le sentivano. Sapere senza sentire impediva loro di accedere a quel mondo di sensazioni viscerali indispensabili ai nostri processi decisionali. Riesci a cogliere l'importanza di tutto questo? Quante volte capita di pensare che le emozioni intralcino la razionalità? Si tratta di un grosso equivoco perché questa separazione non esiste, è una semplificazione errata e irrealistica che non rende giustizia alla grandezza dell'essere umano.

È ufficiale: il nostro corredo emotivo è sacro
Alla luce di quese considerazioni, la necessità di essere presenti ai nostri stati interni assume un valore estremamente rilevante. Nonostante gli enormi progressi documentati nell'ambito dell'ingegneria dell'intelligenza, restiamo ancora unici nella capacità di realizzare potenzialità pressoché illimitate. E la nostra perfetta "imperfezione" gioca un ruolo fondamentale.

Sono di grande ispirazione i versi di Rumi sull'intelligenza umana (Rumi, 2017):
*Ci sono due tipi d'intelligenza: una acquisita,
come lo scolaro, che memorizza fatti e concetti
dai libri e da quel che il maestro dice,
accumulando informazioni dalle scienze tradizionali*

e da quelle moderne.
Con questa intelligenza emergi nel mondo
ti collochi davanti o dietro agli altri
per la tua competenza nel memorizzare informazioni.
Con questa intelligenza te ne vai a zonzo
per i campi della conoscenza
segnando sempre più cose sul tuo quaderno d'appunti.
C'è un altro tipo di quadernetto,
già completo e custodito dentro di te,
una sorgente che straripa dal suo alveo.
Una frescura al centro del petto.
Questa intelligenza non ingiallisce e non ristagna.
È fluida, e non si muove da fuori a dentro
attraverso le condutture impiombate dell'apprendimento.
Questo secondo sapere è una fonte dentro di te
che si muove dall'interno verso l'esterno.

Questa fonte che da dentro di noi va verso l'esterno è il nostro tesoro più prezioso
Hai mai sentito parlare di *Affective Computing*? Si tratta di un ramo specifico dell'Intelligenza Artificiale che si propone di

creare computer in grado di riconoscere le emozioni, di esprimerle e, in qualche misura, di sentirle.

La distanza tra le abilità umane e quelle artificiali si fonda essenzialmente sulle emozioni. Gli studi sull'*Affective Computing* sono volti a ridurre tale distanza; molto è stato raggiunto in questo ambito, allo scopo di creare macchine intelligenti che possano costituire nel tempo una evoluzione della mente umana.

Questi progetti spaventano chi teme di essere sostituito dalle macchine nelle sue competenze, nelle sue funzioni. Il rischio per l'individuo è perdere il senso della propria importanza.
Esiste anche chi, adottando una prospettiva diversa, mette in luce i benefici che deriverebbero in ogni campo dalla collaborazione con una macchina cognitivamente più potente dell'essere umano ed emotivamente intelligente.
Prova a pensare ai progressi che sarebbero possibili nella medicina, nella ricerca, nell'assistenza, nell'ingegneria e anche nei processi di apprendimento.

L'*Affective Computing* lavora su progetti di evoluzione perché

le macchine, già abili a imparare e ad addestrarsi, possano crescere in una forma di intelligenza che estenda totalmente quella umana

Una mente senza emozioni è perfettamente riproducibile in una macchina e, come sappiamo, si è ampiamente evoluta in termini di capacità cognitive. Ma una macchina può presentare il limite di non essere completamente intelligente, se mancano le emozioni.

È quanto ci dice Chiara Torsi nel suo libro sull'*Affective Computing*, in cui riporta tre studi sperimentali (Torsi, 2017). Ci spiega le differenze attraverso esempi calzanti. Nell'arte, una macchina può suonare uno strumento impeccabilmente ed eseguirà pezzi assolutamente perfetti, ma privi di emozioni.

La macchina è infallibile nel calcolare, replicare, riprodurre, anche riconoscere, quando si addestra a farlo. Un computer può vincere a un gioco ma non ne è felice, può barare e non si sente in colpa. Agisce senza essere in contatto col significato più profondo delle sue azioni.

Chiara Torsi sottolinea che l'universo umano è molto vasto, include anche i sentimenti, la creatività, il pensiero astratto.

Questo amplia enormemente il campo dei problemi di cui un umano può occuparsi.

Una delle capacità umane su cui, per ovvie ragioni, si pone molto l'attenzione è l'empatia. Macchine che non sanno esprimere empatia non possono essere impiegate nel supporto a pazienti, anziani, bambini, più in generale in ambiti in cui una relazione interpersonale che vada al di là di un semplice scambio di contenuti è essenziale.

Molti traguardi sono stati raggiunti nell'ambito dell'*Affective Computing* per il riconoscimento e l'espressione delle emozioni. Molto tempo fa un report del Massachusetts Institute of Technology (Picard, 1995) tracciò i temi chiave per la realizzazione di macchine affettivamente intelligenti in grado di adattarsi al comportamento umano.

L'*espressione delle emozioni* è uno di questi. Ci si riferisce alla costruzione di volti che realizzino le espressioni facciali seguendo i tratti più comuni tipicamente associati ad alcune emozioni.

Un altro, non meno importante, è il *riconoscimento delle emozioni*. Consiste nel cogliere lo stato emotivo dell'interlocutore e, se possibile, agire di conseguenza.

La *manipolazione delle emozioni* riguarda i modi di influenzare lo stato emotivo dell'interlocutore, quindi il suo comportamento.

Infine abbiamo la *sintesi delle emozioni*, cioè la possibilità di modellare le emozioni che la macchina può esprimere, ad esempio identifcare cosa può determinare un cambiamento dello stato "emotivo" del computer.

Abbiamo oggi macchine sempre più capaci di interagire con le persone anche sul piano emotivo. La strada da percorrere è ancora lunga e lastricata di questioni aperte e discussioni che sembrano infinite, ma il progresso ha raggiunto livelli che, fino a poco tempo fa, erano inimmaginabili. Dal creare conoscenza, siamo passati al creare intelligenza, realizzando un passaggio evolutivo straordinario per la nostra specie.

Photos courtesy of and copyright Free Range Stock, www.freerangestock.com

Creare macchine intelligenti significa per noi poter superare dei limiti, quindi evolverci

Tra i nostri limiti ci sono le percezioni, le reazioni e i comportamenti condizionati da BIAS cognitivi, con tutti gli errori, anche gravi, che ne conseguono. Ci siamo evoluti al punto da comprendere sempre meglio la nostra intelligenza, per gestire i livelli complessità anche molto alti in cui quotidianamente siamo coinvolti. La vera svolta non consiste nel creare sistemi che soddisfino i nostri bisogni, ma organismi che a loro volta sappiano evolversi e trasformarsi con il tempo e con l'esperienza, proprio come noi umani.

Se sei un appassionato di Intelligenza Artificiale, probabilmente hai letto Ray Kurzweil (Kurzweil, 2013). Ci dice che il cervello è complesso se lo vediamo come sistema di neuroni, come una foresta che si voglia conoscere dal dettaglio di ogni singolo albero. Vedere la foresta nella sua totalità, invece, è più semplice per via del fatto che contiene ridondanze, proprio come il cervello contiene i neuroni.

Il parallelismo del cervello umano con i calcolatori è principalmente fondato sulla funzione, comune a entrambi i sistemi, di immagazzinare ed elaborare informazioni.

L'apprendimento è fondamentale per il cervello, e inizia addirittura prima della nascita
Marvin Minsk (Minsky, 1989) afferma che il cervello, come attività principale, apporta modifiche a se stesso. Per tutta la vita, infatti, non fa che trasformarsi. Si rinnova, si sostituisce e si evolve sempre in funzione di se stesso. Questo sembra sottolineare il fatto che in noi di fisso non esiste nulla. Vederci in questo modo può aprire la nostra mente a prospettive più ampie su ciò che siamo e sul potenziale che siamo in grado di realizzare.

Nel libro di Ray Kurzweil (Kurzweil, 2013) si riconosce la difficoltà di integrare l'esperienza soggettiva, tipicamente umana, nella progettazione di una macchina intelligente. Il tema della coscienza è molto dibattuto anche sul piano filosofico. Troviamo posizioni contrapposte perfino nel definire cosa significhi essere coscienti.

Ciò che mi preme mettere in evidenza, sulla base dell'esperienza e dello studio, è il potere di una mente presente, connessa con i suoi stati interni, capace di esprimere un'intelligenza che viene da dentro, che si modella con l'esperienza senza identificarsi con i contenuti. La nostra capacità innovativa ha fatto passi da gigante per creare qualcosa di più potente dei nostri organismi limitati, ma condivido pienamente la posizione secondo cui il cervello umano è ancora il migliore esempio esistente di macchina intelligente. Oggi nessuna macchina, per quanto potente, può raggiungere il potenziale che la mente umana sa esprimere. Le macchine – un po' come i pazienti studiati da Damasio – che conoscono le emozioni senza sentirle, hanno possibilità inevitabilmente limitate.

Sulla base dell'esperienza nel mio lavoro, arricchita dallo studio sulle implicazioni dell'Intelligenza Artificiale nelle Strategie di Business presso il MIT (Massachusetts Institute of Technology), Sloan School of Management, mi trovo concorde con chi afferma che non c'è motivo di essere ostili all'evoluzione delle macchine per paura che nel lavoro possano sostituire gli esseri umani. Esistono molte attività sulle quali dei semplici software ci superano già completamente, perciò non abbiamo bisogno di temere l'Intelligenza Artificiale.

Le macchine possono sostituirci in attività che non esprimono le potenzialità più grandi della nostra mente. Nel corso di questa evoluzione si stanno creando delle nuove opportunità in cui il contributo dell'essere umano è necessario perché il processo non si fermi. Nuove professioni, nuove occasioni di realizzare eccellenza, di esprimere creatività, di innovare, sono fattori motivanti perché l'umanità riveli a se stessa il suo vero potere.

Durante la stesura finale di questo libro, ho scritto anche il mio primo romanzo. Scrivere di sera mi fa perdere la cognizione del tempo, mi emoziona incredibilmente e mi solleva dalle fatiche della giornata. Mi sono sorpresa a sorridere pensando che un'Intelligenza Artificiale potrebbe creare impeccabili riproduzioni, tecnicamente perfette, di un testo e poco altro. Inventare una storia, invece, trasmettere emozioni, coinvolgere il lettore, renderlo partecipe, sbagliare, riscrivere, è qualcosa che richiede umanità. Questa è una delle dimensioni della mente che difficilmente una macchina potrà eguagliare.

Il successo non è più questione di ciò che sappiamo, ma di come pensiamo
Lo sottolinea Chris Griffiths (Griffiths, 2011): ciò che ci viene richiesto oggi è la capacità di vedere in modo nuovo. Da ciò dipende l'uso che facciamo delle nostre risorse. Secondo quella che da molti è considerata una semplificazione della descrizione del cervello, le capacità logico-analitiche sarebbero completamente governate dall'area sinistra.
L'area sinistra è effettivamente predominante, ma la realtà non sembra supportare una distinzione così netta.

Nel libro di Chris Griffith è riportato uno studio (Schultz, 2011) condotto con risonanza magnetica funzionale sui giocatori di scacchi per comprendere quali parti del cervello siano più attive in un gioco considerato praticamente da tutti, scienza compresa, un gioco di tipo analitico. Dallo studio è emerso che i giocatori dilettanti attivano tipicamente il cervello sinistro, mentre i campioni, persone a cui è riconosciuto il titolo di gran maestro, molto più veloci nell'affrontare gli stessi problemi, oltre ad attivare il lato sinistro ingaggiano anche parti del cervello destro.

Ciò ha portato a concludere che, in un gioco considerato prettamente analitico, per giocare viene usato il cervello sinistro, mentre per essere campioni viene usato tutto il cervello. Non è sorprendente? Questo conferma ulteriormente, nel caso ce ne sia bisogno, che ciò che chiamiamo eccellenza non può che emergere da un'integrazione di forze piuttosto che da uno sbilanciamento che potenzi una parte lasciando l'altra inattiva.

L'ultimo salto evolutivo da parte del cervello umano è avvenuto moltissimo tempo fa, mentre i cambiamenti delle condizioni, del contesto, l'aumento dei livelli di complessità, nella nostra epoca hanno subìto delle sorprendenti accelerazioni. In attesa del prossimo salto, in cui forse il cervello si troverà funzionalmente a suo agio rispetto alle sollecitazioni ambientali, c'è molto che possiamo fare.

Attraverso le pratiche di consapevolezza si lavora con l'*espansione della mente dall'interno*, rendendola spaziosa e allo stesso tempo capace di focalizzarsi, permettendole di svegliarsi alle sue capacità creative ed essere efficace nella collaborazione

Attraverso l'allenamento, coltiviamo una mente capace di limitare gli effetti collaterali dello sviluppo tecnologico, sempre in accelerazione, come abbiamo visto nel primo capitolo. D'altra parte, un mondo come il nostro ha anche enormi risorse da offrirci giorno per giorno. Con gli strumenti che questa epoca ci mette a disposizione abbiamo la possibilità di *estendere la mente dall'esterno*.

Marc Prensky (Prensky, 2013) afferma che la mente cresce esternamente attraverso una simbiosi con la tecnologia, acquisendo una potenza via via maggiore col passare del tempo. Abbiamo la possibilità di incrementare enormemente le capacità logiche, di analisi, di calcolo, attraverso strumenti avanzatissimi. L'integrazione con la tecnologia ci permette di colmare alcuni grossi limiti della mente, anche strutturali.

Provo a riassumere qui alcuni degli esempi dettagliati da Prensky:
- Per decidere, la mente dispone solo di una parte dei dati realmente disponibili, a causa delle sue limitate capacità di memoria ed elaborazione.
- La mente umana non riesce a gestire la complessità oltre un certo livello. Non saremmo in grado di occuparci di alcuni grandi progetti senza aiuto.
- Abbiamo sensi limitati e una mente che non riesce a concepire più prospettive simultaneamente.
- La mente umana dimentica le informazioni e si annoia nelle attività ripetitive.

Se impariamo davvero a usare la tecnologia per il nostro beneficio, possiamo averne un enorme aiuto e realizzare un'estensione di capacità che altrimenti non potremmo mai avere. Anche l'intelligenza collettiva ne è potenziata. Senza questi mezzi di comunicazione così avanzati, non potremmo nemmeno tenere meeting internazionali, condividere informazioni, co-creare e confrontarci in tempo reale.

Vorrei concludere questo capitolo sostenendo la necessità di assumere una posizione di equilibrio rispetto all'esplosione tecnologica di cui siamo partecipi. Come abbiamo visto, se usati opportunamente, questi strumenti permettono un significativo ampliamento delle nostre possibilità. Il rovescio della medaglia è che il cervello umano è immerso in un mondo veloce, con un volume di informazioni superiore a quanto le nostre capacità di elaborazione siano in grado di esprimere.

È facile cadere vittima di questa abbondanza. È molto importante che la mente sia sveglia a ciò che accade, per distinguere i nostri bisogni reali da quelli imposti dalle condizioni, che si prenda cura di sé, che si alleni a vedere, a essere curiosa, a coltivare la pazienza, a restare connessa al nostro sentire. Abbiamo grandi responsabilità verso noi stessi. Alienarci, farci guidare da vecchi schemi, rinunciare a riconoscere questo mondo di possibilità, non è più possibile senza pagarne un prezzo enorme.
Solo una mente "lavorata" è in grado di muoversi in questo

mondo, esprimendo il genio di cui è capace.

Il vero motore della nostra evoluzione è comprendere che passiamo le nostre vite a cercare di cambiare i contenuti della mente per tentare di diventare ciò che preferiremmo essere, mentre l'unica strada per far sì che tutto questo mondo di potenzialità sia nelle nostre mani è cambiare l'orientamento della mente, darle una nuova forma. Ricordo ancora le parole di Christina Feldman: «La forma della mente è la forma del nostro mondo».

Abbiamo quindi la responsabilità di lavorare con noi stessi perché il nostro mondo prenda la forma di un luogo sicuro in cui abitare. Ciò è possibile e si fonda sul fatto che la mente è duttile e possiamo modellarla. Essere curiosi e disponibili a prendere un piccolo impegno con noi stessi è tutto ciò che serve.

Il modo in cui viviamo questo momento ci prepara a vivere il prossimo momento. Prendendoci cura del presente, gettiamo le basi perché il futuro sia migliore. Una mente sintonizzata, spaziosa, pacificata dall'interno e arricchita dall'espansione esterna attraverso le risorse che il nostro tempo offre, è una mente che lascia emergere il suo genio.

RIEPILOGO DEL CAPITOLO 5:

1. Le nostre emozioni hanno un ruolo critico: intervengono in ogni cosa che facciamo e nel modo in cui agiamo nelle situazioni. Antonio Damasio ha dimostrato che nei processi decisionali le emozioni sono determinanti. L'ipotesi di una razionalità che non le integri risulta irrealistica.

2. L'*Affective Computing* è un ramo specifico dell'Intelligenza Artificiale che si propone di creare computer in grado di riconoscere le emozioni, di esprimerle e, in qualche misura, di sentirle.

3. Attraverso le pratiche di consapevolezza si lavora con l'*espansione della mente dall'interno*, rendendola spaziosa e, allo stesso tempo, capace di focalizzarsi, permettendole di svegliarsi alle sue capacità creative ed essere efficace nella collaborazione.

4. Le risorse della nostra epoca ci offrono la possibilità di *estendere la mente dall'esterno*, se impariamo a interagire in modo adeguato con il mondo tecnologico in cui siamo immersi.

PRATICHE ED ESERCIZI – QUINTA SETTIMANA

- Pratica seduta: alterna la pratica *un cielo sconfinato*, che ormai conosci dalla terza settimana, con la pratica *fluire con il respiro*, che hai portato avanti nella prima. Ogni giorno, scegli una di queste due pratiche, possibilmente facendone un giorno una, un giorno l'altra.
- *Dimorare nel silenzio*. Dedica un po' di tempo ogni giorno a non essere online. Chiudi le applicazioni per le email, quelle dei social e, perché no, anche il telefono. Se ti è possibile, per la durata di questo esercizio, non parlare, o almeno riduci le parole al minimo indispensabile. Puoi svolgere le tue normali attività quotidiane in questo modo. Lascia che lo spazio sia riempito dall'esperienza piuttosto che dalle descrizioni, le interpretazioni e i giudizi che, attraverso la parola, abitualmente emettiamo. Prova a non riempire lo spazio di parole, così potrai guardare all'interno, sentire forse il "rumore della mente", percepirne il volume, fare caso al modo in cui ti racconti l'esperienza, ti racconti la vita. Quel rumore lo portiamo ovunque, spesso coperto dalla voce più forte della parola compulsiva. Puoi conoscerlo, sentirne gli effetti, decidere quanta fiducia riporvi.

- *Camminare.* Nei brevi tragitti a piedi, ad esempio quando vai a prendere l'auto o quando ti sposti da una stanza a un'altra in casa, prova a essere presente all'atto del camminare. Prova a sentire il corpo che si muove, il contatto dei piedi con il terreno, le posizioni di equilibrio che cambiano continuamente mentre cammini. Prova a camminare per camminare, prima ancora che camminare per raggiungere un luogo. Di solito usiamo le fasi di transizione da un luogo a un altro per affogare in qualche storia della mente. Proviamo invece a cogliere in questi momenti l'opportunità di sentire il corpo vivo che cammina.
- *Nutrire il corpo.* Quando scegli cosa mangiare durante il giorno, prova, se ti è possibile, a non farlo in modo automatico. Prova a sentire di che nutrimento ha bisogno il tuo organismo e in che quantità. Anche i gusti sono abitudini e mangiare può essere un modo per essere presenti, per coltivare benessere, senza necessariamente ricorrere a privazioni, a meno che non siano prescritte. Quando mangi, prova a gustare veramente il cibo, sentendo gli odori, riducendo le dimensioni dei morsi, masticando più lentamente del solito. Assaporare il cibo è un modo per assaporare la vita. Quel cibo è davanti a te,

frutto dell'avvicendarsi delle stagioni, del contributo del sole, dell'acqua, del lavoro di tanti. Riesci a sentire tutto questo in un boccone? Fermati quando il tuo corpo è sazio, non riempirlo a ogni costo.
- *Diario di pratica.* Dopo il paragrafo dedicato alle istruzioni per la pratica, trovi un'area che puoi usare come diario delle scoperte e delle difficoltà.

DIARIO DI PRATICA – QUINTA SETTIMANA

Ogni giorno puoi usare questo spazio per annotare brevemente le scoperte e le difficoltà incontrate nella pratica. Poche parole, non un discorso. Non sforzarti di trovare qualcosa da scrivere. Puoi anche non scrivere niente. Alla fine del programma potrai riguardare i diari settimanali, uno per ogni capitolo, e vedere cosa hai attraversato durante questo percorso.

GIORNO 1
....
....
....
....
....

GIORNO 2
....
....
....
....
....

GIORNO 3

....
....
....
....
....

GIORNO 4

....
....
....
....
....

GIORNO 5

....
....
....
....
....

GIORNO 6

....
....
....
....
....

GIORNO 7

....
....
....
....
....

TESTIMONIANZE

Ecco alcune condivisioni di partecipanti raccolte durante i miei corsi e rilevanti per i temi del capitolo:

«Ho sempre preso di pancia le mie decisioni più importanti. Mi sono però reso conto che, se le emozioni non sono ben regolate, mi possono trascinare ovunque, sull'onda di un'intensità a volte travolgente. La Mindfulness mi ha insegnato a riconoscere le emozioni e a sentirle nel corpo, invece di interrogarle attraverso catene di pensiero. Non so dirlo, ma solo nel corpo sono vere».

«Non mi ero mai resa conto di quanto fossi schiava dei dispositivi tecnologici che possiedo. La pratica dell'attenzione focalizzata mi ha fatto capire quanto la mia attenzione avesse bisogno di riposare. E non intendo il riposo come sonno, intendo riposare nella consapevolezza. Se mi prendo cura dell'attenzione, la tecnologia è una risorsa quasi infinita da sfruttare».

«Lavoro come tecnico informatico e ho grande familiarità con l'innovazione tecnologica, di cui sono anche appassionato. Da qualche anno sono preoccupato per il futuro: i progetti di integrazione dell'Intelligenza Artificiale nel business mi fanno sentire precario. La paura di diventare obsoleto rispetto alle macchine mi toglie serenità. Eppure ora ho più fiducia nelle mie capacità, mi è venuta voglia di ampliare un po' le competenze e rimettermi in gioco».

Appendice:
Il tuo Genio: istruzioni per l'uso

> *Il corpo come una montagna,*
> *il cuore come un oceano,*
> *la mente come il cielo.*
> (Dogen)

Siamo alla sesta settimana. Ora sei libero di scegliere le tue pratiche quotidiane. Nelle aree sottostanti trovi le indicazioni di base per creare il tuo "mix" da portare avanti fino alla fine del programma e, perché no, anche dopo, se vorrai. Ciò che conta è che ogni giorno dedichi del tempo alla *pratica seduta* (quindici minuti) e al *camminare consapevolmente*.

Avrai notato che queste indicazioni, fin dalla prima settimana, sono sempre state presenti tra gli esercizi. Dopo cinque settimane di allenamento avrai senz'altro le tue preferenze, ma non rinunciare a queste due pratiche; considerarne una di serie A e una di serie B ti farebbe perdere delle opportunità importanti.

Gli altri esercizi combinali pure in base alle tue necessità e ai vincoli della tua vita quotidiana, sempre coltivando l'intenzione di offrire a te stesso le preziose possibilità che ogni momento di presenza offre.

PRATICHE ED ESERCIZI – SESTA SETTIMANA

- Pratica seduta: ogni giorno scegli di dedicarti a una delle pratiche fra quelle che hai conosciuto in queste settimane: *fluire con il respiro, l'oceano della mente, un cielo sconfinato, i suoni della vita*. Se vuoi, di tanto in tanto puoi offrire a te stesso la pratica *come il bambù*, le cui istruzioni sono dettagliate nel paragrafo seguente.
- *Camminare*. Nei brevi tragitti a piedi, ad esempio quando vai a prendere l'auto o quando ti sposti da una stanza a un'altra in casa, prova a essere presente all'atto del camminare. Prova a sentire il corpo che si muove, il contatto dei piedi con il terreno, le posizioni di equilibrio che cambiano continuamente mentre cammini. Prova a camminare per camminare, prima ancora che camminare per raggiungere un luogo. Di solito usiamo le fasi di transizione da un luogo a un altro per affogare in qualche storia della mente. Proviamo invece a cogliere in questi momenti l'opportunità di sentire il corpo vivo che cammina.
- *Costruire una nuova consuetudine*. Tocca a te creare le opportunità per integrare le qualità di presenza nella tua quotidianità. Dall'inizio del programma, hai potuto esplorare

vari esercizi (*ascoltare, assaporare, vedere, comunicare, scrivere, mappare* ecc). Tutto questo perché, pur essendo fondamentali i momenti formali di pratica seduta, se la consapevolezza non diventa parte della vita di tutti i giorni, non servirà a molto. Scegli quindi fra gli esercizi quelli che meglio permettono questa integrazione. Se scegli il *mappare* o lo *scrivere*, puoi farlo nel modo che conosci o anche partendo da una domanda diversa, come ad esempio: «Cosa conta di più per me in questo momento?» Ricorda sempre che, prenderti cura di questo momento, è l'unico modo per prenderti cura del futuro.

- *Diario di pratica.* Dopo il paragrafo dedicato alle istruzioni per la pratica, trovi un'area che puoi usare come diario delle scoperte e delle difficoltà.

COME IL BAMBÙ: ISTRUZIONI

Si sa, le pratiche di consapevolezza vengono tutte da lontano, tramandate da antichi insegnamenti, e quelle fondamentali sono solitamente molto diffuse e ben note ai più. Quella che condivido qui, invece, forse è meno conosciuta, ma trovo che sia estremamente potente. Il cuore di questa pratica si ispira alla meditazione "Sii un bambù cavo" di Osho (Tantra: The Supreme Understanding).

Assumi una posizione seduta, più comoda possibile. La schiena eretta, non rigida, gli occhi chiusi, se la cosa non ti provoca disagio, altrimenti aperti, sguardo sfocato orientato a quarantacinque gradi verso il basso. Permetti alla mente di mollare la presa da qualunque cosa stia trattenendo, pensieri, ricordi, proiezioni, stati mentali, e di radicarsi nella postura. Meglio che puoi, prova a riposare nella consapevolezza delle sensazioni del corpo, incluse quelle generate dal respiro. L'invito è a trovare stabilità nella posizione, sentendo l'equilibrio della colonna, eretta ma non rigida.

Quando te la senti, meglio che puoi, immagina di essere una giovane e fresca canna di bambù, stabilmente radicata al terreno e allo stesso tempo flessibile, che oscilla anche alla minima brezza. La canna di bambù risponde ai cambiamenti, all'alternarsi delle stagioni, senza perdere la sua stabilità, nemmeno quando è esposta a condizioni estreme.

In Giappone le canne di bambù sono considerate simboli di buona fortuna. Durante l'inverno si piegano sotto la neve, sempre di più, man mano che il peso aumenta. Poi, quando la neve diventa troppo pesante e cade, tornano a ergersi, sempre stabili, radicate e flessibili. Paragonate ai grossi alberi, le canne di bambù possono sembrare più deboli, invece sono capaci di attraversare qualunque condizione, dai freddi inverni alle estati roventi.

Meglio che puoi, prova a sedere come una canna di bambù, incarnando le sue qualità: il profondo radicamento e la grande flessibilità.
Le canne di bambù sono cave, dentro sono vuote. Sedere come una canna di bambù ci ricorda uno spazio di possibilità che non abbiamo bisogno di riempire di concetti, di definizioni, di convinzioni. Ci ricorda la nostra natura spaziosa.

Momento per momento, giorno per giorno, incontriamo cambiamenti nel corpo, nella mente, nel lavoro, nelle relazioni interpersonali, nella salute. Commettiamo errori, possiamo non essere apprezzati, attraversiamo i nostri inverni. Nella vita incontriamo anche momenti di immensa bellezza, i periodi in cui siamo scaldati dal sole, in cui la vita si risveglia.

Siamo esposti a violente tempeste, venti veloci che sembrano trascinarci, possiamo essere piegati dal peso della neve. In qualunque momento possiamo evocare in noi le qualità della canna di bambù, la stabilità, il radicamento profondo e la grande flessibilità. La nostra vera natura è questa, ed è più vasta di qualunque cambiamento possiamo attraversare.

DIARIO DI PRATICA – SESTA SETTIMANA

Ogni giorno puoi usare questo spazio per annotare brevemente le scoperte e le difficoltà incontrate nella pratica. Poche parole, non un discorso. Non sforzarti di trovare qualcosa da scrivere. Puoi anche non scrivere niente. Alla fine del programma potrai riguardare i diari settimanali, uno per ogni capitolo, e vedere cosa hai attraversato durante questo percorso.

GIORNO 1

....
....
....
....
....

GIORNO 2

....
....
....
....
....

GIORNO 3

GIORNO 4

GIORNO 5

GIORNO 6

....
....
....
....
....

GIORNO 7

....
....
....
....
....

Conclusione

Photos courtesy of and copyright Free Range Stock, www.freerangestock.com

Congratulazioni! Hai completato il programma. Spero che questo libro ti abbia donato qualche ingrediente da mescolare alle gioie e alle difficoltà della vita quotidiana, e che sia un amico da portare con te. Sei settimane sono un tempo brevissimo paragonato a un'intera vita, ma lungo abbastanza da permettere alla mente di creare nuove consuetudini nella quotidianità.

Spero dal profondo del cuore che tu abbia colto questa opportunità. Se non lo hai ancora fatto, puoi iniziare ora, proprio in questo momento.

Hai tutto ciò che ti serve
Ti invito con tutto il cuore a non approfondire solo la teoria. La lettura e lo studio di questi concetti può essere affascinante, non lo nego. Se però resta una conoscenza acquisita dall'esterno, dopo un momento di entusiasmo iniziale verrà depositata in un angolo della memoria; rimarrà qualcosa di cui parlare ogni tanto con un amico ma non se ne potrà sperimentare il valore più profondo.

L'intero libro è servito a mostrare che, come esseri umani, disponiamo di tutte le qualità necessarie a lasciar fiorire il genio che abbiamo dentro. Sono qualità che si coltivano attraverso un modo specifico, non abituale, di conoscere. Necessitano di pratica, di un piccolo spazio nelle nostre vite, di un allenamento costante e gentile che sia sostenuto da una sincera intenzione.

E poi? Cosa si può fare dopo l'incontro con la Mindfulness ?
La Mindfulness mi ha aperto delle porte straordinarie. L'ho trovata protettiva, incredibilmente trasformativa e perfino contagiosa. Diverse persone a me care si sono incuriosite vedendo in me dei cambiamenti mentre partecipavo al primo protocollo e alcune di loro hanno intrapreso percorsi simili al mio. Le mie

colleghe, così come i partecipanti ai corsi, mi offrono un nutrimento continuo di cui mi sento profondamente grata.

Nel tempo ho sentito la necessità di integrare la pratica personale in un percorso interiore che coinvolgesse una dimensione di vita più ampia. I protocolli di Mindfulness sono stati per me una porta di accesso alla Meditazione Vipassana, che ancora oggi è la mia pratica quotidiana, e agli insegnamenti che dal 2013 seguo con regolarità presso l'Associazione per la Meditazione di Consapevolezza (A.Me.Co) di Roma.

Sono tante le possibilità che nascono dall'incontro con la Mindfulness. Prenditi tutto il tempo per scegliere la tua.

Quando le porte sono chiuse e la tua stanza è al buio,
non sei solo. La volontà della natura è dentro di te,
come è all'interno il tuo genio naturale.
Ascolta le sue sollecitazioni, seguine le indicazioni.
Nell'arte di vivere, il materiale è la tua stessa vita.
Nessuna grande cosa è creata all'improvviso, serve tempo.
Fai del tuo meglio, sii sempre gentile. (Epitteto) (Kirov, 2016)

Sarei molto felice di ricevere una tua recensione sul mio libro.

Se vuoi restare in contatto con me, ecco come trovarmi:

E-mail:
katiusciaberretta@gmail.com

Sito web e blog:
https://katiusciaberretta.com

Social:
http://bit.ly/KatiusciaBerrettaPaginaFB
http://bit.ly/KatiusciaBerrettaInstagram
http://bit.ly/KatiusciaBerrettaLinkedin

Unisciti al gruppo Facebook che ho creato intorno al mio libro:
http://bit.ly/EradellIntelligenzaFB

Nota biografica dell'autrice

Certified Teacher del protocollo MBSR (Mindfulness-Based Stress Reduction) riconosciuta dal Center for Mindfulness, Medicine, Health Care and Society – University of Massachusetts, Medical School, dove l'MBSR è nato da Jon Kabat-Zinn. Gli istruttori con tale certificazione sono ad oggi solo cinque in Italia.

Membro per tre anni del Consiglio Direttivo del Centro Italiano Studi Mindfulness, ha collaborato con l'Università di Roma la Sapienza per due edizioni del Master di II livello *Mindfulness: pratica, clinica e neuroscienze* conducendo le esercitazioni in aula per l'insegnamento del protocollo MBSR.
È istruttore senior e collaboratore del centro di formazione Mondo Mindful srl.

Laureata in Matematica, ha lavorato alcuni anni come Collaboratore di Ricerca presso il Dipartimento di Matematica dell'Università degli Studi di Roma Tor Vergata. Da circa vent'anni anni opera in contesti multinazionali nel settore Research & Development per il software engineering. Ha lavorato in varie aziende, tra cui CSC (Computer Sciences Corporation), Lotus, IBM, HCL Technologies. È formatore di Workload Automation a livello internazionale. È inventore di due brevetti IBM: *Managing processing resources in a distributed computing environment* e *Planning execution of tasks with dependency resolution*.

Come istruttore di protocolli Mindfulness-based conduce corsi e offre consulenze. Si occupa di disegno e posizionamento per l'integrazione di MBIs (Mindfulness-Based Interventions) in percorsi di Leadership Development, Education e Health&Wellbeing. Tra il 2015 e il 2016 è stata tra i leader della community IBM world-wide di circa duemila membri, Mindfulness@IBM.

È docente e co-autore del protocollo di Mindfulness Organizzativa *Time to Change* di Mondo Mindful srl. Ha operato in aziende di differenti settori, tra cui Information Technology,

Sanità, Business Solutions. Approfondisce l'integrazione di percorsi di Mindfulness e Creatività nell'educazione e nel business. Membro dal 2014 al 2017 del Neuroleadership Institute, l'istituto internazionale che attraverso le neuroscienze si occupa di identificare le regioni e le attività cerebrali in grado di influenzare le qualità cognitive/emotive dell'individuo più critiche per la leadership, ha conseguito la certificazione in *The Foundations of Neuroleadership*.

È docente di Mindfulness Organizzativa presso il *Mindfulness Experiential and Professional Training*, la scuola di formazione istruttori di Mondo Mindful srl. È Licensed Instructor in Applied Innovation, formata da Chris Griffiths con certificazione OpenGenius. Si interessa di Intelligenza Artificiale e, attraverso anni di studio individuale e un programma presso l'MIT (Massachusetts Institute of Technology) Sloan Management School, ha potuto approfondirne le implicazioni nelle strategie di business.

Pratica la meditazione Vipassana e dal 2013 è socio A.me.co (Associazione per la Meditazione di Consapevolezza).

Appassionata di scrittura creativa, è autrice di diversi racconti e di un romanzo. Ama la lettura, il trekking in alta montagna e le relazioni umane.

Bibliografia

Baas M., Nevicka B., Ten Velden F.S. (2014). *Specific Mindfulness Skills Differentially Predict Creative Performance.* PubMed.

Colzato L.S., Ozturk A., Hommel B. (2012). *Meditate to Create: The Impact of Focused-Attention and Open-Monitoring Training on Convergent and Divergent Thinking.* «Frontiers in Psychology».

Crenshaw D. (20018). *The Myth of Multitasking: How "Doing It All" Gets Nothing Done.* Jossey-Bass Inc Pub.

Damasio A.R. (1995). *L'errore di Cartesio. Emozione, ragione e cervello umano.* Adelphi.

Derek Dean C.W. (2011). *Recovering from Information Overload.* «McKinsey Quarterly».

Foucault M. (1994). *Eterotopia. Luoghi e non-luoghi metropolitani.* Mimesis.

George Land B.J. (1992). *Breakpoint and Beyond: Mastering the Future Today.* HarperCollins.

Gino F. (2018). *The Business Case for Curiosity*. «Harvard Business Review».

Goleman D. (2014). *Focus. Come mantenersi concentrati nell'era della distrazione.* BUR, Biblioteca Universale Rizzoli.

Greenberg J., Reiner K., Meiran N. (2012). *"Mind the Trap": Mindfulness Practice Reduces Cognitive Rigidity.* «PLoS One».

Griffiths C. (2011). *Grasp The Solution: How to find the best answers to everyday challenges.* Proactive Press.

Hougaard R. (2015). *One Second Ahead.* Palgrave Macmillan.

Kabat-Zinn J. (2018). *Vivere momento per momento.* TEA.

Kahneman, D. (2012). *Thinking, Fast and Slow.* Penguin.

Kirov B. (2016). *Epictetus: Quotes & Facts.* CreateSpace Independent Publishing Platform.

Krishnamurti J. (2016). *Il libro della vita. Meditazioni quotidiane.* Il Punto d'Incontro.

Kurzweil R. (2013). *Come creare una mente. I segreti del pensiero umano.* Apogeo Education.

Levitin D. (2015). *The Organized Mind: Thinking Straight in the Age of Information Overload.* Penguin.

Lieberman M.D. (2013). *Social: Why Our Brains Are Wired to Connect.* OUP Oxford.

Lieberman M.D., Rock D., Cox C.L. (2014). *Breaking BIAS*. «Neuroleadership Journal».

Lord C.G., Ross L., Lepper M.R. (1979). *Biased Assimilation and Attitude Polarization: The Effects of Prior Theories on Subsequently Considered Evidence*. «Journal of Personalty and Social Psychology».

Minsky M. (1989). *La Società della mente*. Adelphi.

Motterlini M. (2008). *Economia emotiva. Che cosa si nasconde dietro i nostri conti quotidiani*. BUR, Biblioteca Universale Rizzoli.

Mrazek M.D., Franklin M.S., Phillips D.T., Baird B., Schooler J.W. (2013). *Mindfulness Training Improves Working Memory Capacity and GRE Performance While Reducing Mind Wandering*. «Psychological Science».

Pattakos A. (2008). *Prisoners of Our Thoughts*. Berrett-Koehler.

Penman D. (2015). *Mindfulness for Creativity: Adapt, Create and Thrive in a Frantic World*. Piatkus.

Pensa C. (2002). *Attenzione saggia, attenzione non saggia*. Magnanelli.

Picard R. (1995). *Affective Computing*. M.I.T. Media Laboratory Perceptual Computing Section Technical Report No. 321.

Prensky M. (2013). *La mente aumentata. Dai nativi digitali alla saggezza digitale.* Erickson.

Rogers C.R. (1983). *Un modo di essere.* Psycho.

Roshi S.S. (1977). *Mente zen, mente di principiante.* Astrolabio Ubaldini.

Rumi M.J.-D. (1997). *The Essential Rumi.* HarperOne; Reprint edition.

Rumi M.J.-D. (2017). *The Mathnawi of Jalalu'din Rumi – Book 4.* CreateSpace Independent Publishing Platform.

Saint-Exupéry A. (2014). *Il piccolo principe. Ediz. illustrata.* Bompiani.

Saint-Exupéry A. (2017). *Cittadella.* AGA (Cusano Milanino).

Sapolsky R.M. (2018). *Perché alle zebre non viene l'ulcera? La più istruttiva e divertente guida allo stress e alle malattie che produce. Con tutte le soluzioni per vincerlo.* Castelvecchi.

Schultz N. (2011). *Chess grandmasters use twice the brain.* «New Scientist».

Siegel D.J. (2008). *Mindfulness e cervello.* Raffaello Cortina.

Stone D., Patton B., Heen S. (2010). *Difficult Conversations: How to Discuss What Matters Most.* Penguin Group USA.

Sutherland S. (2010). *Irrazionalità. Perché la nostra mente ci inganna e come possiamo evitarlo*. Lindau.

Taleb N.T. (2014). *Il cigno nero. Come l'improbabile governa la nostra vita*. Il Saggiatore.

Teper R., Segal Z.V., Inzlicht M. (2013). *Inside the Mindful Mind: How Mindfulness Enhances Emotion Regulation Through Improvements in Executive Control*. «Psychological Science».

Thomas H. Davenport J.C. (2001). *L'economia dell'attenzione*. «Il Sole 24 Ore».

Torsi C. (2017). *Emozioni umane e Affective Computing: Emozioni umane in relazione all'Intelligenza Artificiale: 3 studi sperimentali*. Independently published.

Zeidan F., Martucci K.T., Kraft R.A., McHaffie J.G., Coghill R.C. (2013- 2014). *Neural Correlates of Mindfulness Meditation-Related Anxiety Relief*. PubMed.